Sprache fördern mit allen Sinnen

Kunterbunte Sprachspielideen zu 10 Lieblingsthemen im Kita-Jahr

Ute Schröder

Verlag an der Ruhr

Impressum

Titel
Sprache fördern mit allen Sinnen
Kunterbunte Sprachspielideen zu 10 Lieblingsthemen im Kita-Jahr

Autorin
Ute Schröder

Titelbildmotiv und Illustrationen
Petra Lefin (Illustrationen auf S. 12, 22, 42: Ute Schröder)
Icons Angebote: Buch, Mund, Noten, Hand, Schere, Stuhl, Feder, Auge:
Verlag an der Ruhr; Schuh: Eva Spanjardt

Druck
AZ Druck und Datentechnik GmbH, Kempten, DE

Innengestaltung
Margit Dittes

Verlag an der Ruhr
Mülheim an der Ruhr
www.verlagruhr.de

Geeignet für Kinder von 3–6 Jahren

ISBN 978-3-8346-2223-5

Inhalt

Inhalt

Ein paar Worte vorab ...

Liebe Leser/innen,

dieses Buch soll Ihnen eine individuelle Hilfe bei der **Sprachentwicklung und Sprachförderung** von 3- bis 6-jährigen Kindern sein, mit dem Ziel, die Kinder zum Sprechen zu verführen, ihre Freude an der Sprache und dem Spiel mit der Sprache zu wecken.

Die wichtigste Voraussetzung dafür ist das Interesse der Kinder an der Thematik. Dieses Buch greift daher **10 Lieblingsthemen** der Kinder auf, deren Sprachangebote ganzheitlich, spielerisch und situativ im Alltag umgesetzt werden können.

Ob zu einem thematischen Fest, zur Begrüßung, im Morgen- oder Abschlusskreis, während der Spielzeit, zur Überbrückung einer kurzen Wartezeit, zum Mittagessen, für eine Entspannungsphase oder eine aktive Bewegungsphase, für jeden Abschnitt des Tages finden Sie verschiedene Sprachangebote zu Themen, die Kinder bewegen.

Diese sind übersichtlich auf je einer Seite angeordnet, mit praktischen Tipps, Hinweisen oder Varianten versehen und nennen Ihnen zusätzlich auch die jeweiligen Sprachbereiche, die Sie mit diesem Angebot fördern.

Die 10 Lieblingsthemen mit je **9 symbolisch gekennzeichneten Sprachangeboten** setzen sich wie folgt zusammen:

Mit einer **Geschichte** beginnt das jeweilige Thema. Das kann eine Quatschgeschichte sein, eine Geschichte ohne Ende, das von den Kindern erdacht und erzählt wird, eine Geräuschgeschichte zum Mitmachen, eine Fehlergeschichte, in der die Kinder genau zuhören müssen oder eine spannende Geschichte, die einen interessanten Erzählanlass für die Kinder bietet.

Reimgeschichten machen den Kindern besonders Spaß. Sie motivieren zum Mitreimen und fördern hervorragend die phonologische Bewusstheit sowie Sprachrhythmus und Sprachmelodie der Kinder.

An dieser Stelle steht ein **Lied,** das durch die Verwendung einer volkstümlichen Melodie schnell erlernt werden kann. Den praktischen Hinweisen können Sie entnehmen, welche Lieder sich für eine Bewegungsanregung oder Instrumentalbegleitung eignen.

Fingerspiele sind in ihrer Einheit von Sprache und Bewegung besonders für jüngere Kinder von unschätzbarem Wert, nicht nur für die Sprachentwicklung. Sie erweitern auf spielerische Weise das Umweltbewusstsein, fördern Aufmerksamkeit, Konzentration, Merkfähigkeit und Feinmotorik der Kinder. Außerdem wird die emotionale Bindung zwischen Kind und Pädagogen durch die intensive Zuwendung verstärkt.

Entweder finden Sie an dieser Stelle einen **Gestaltungstipp,** bei dessen Umsetzung sich viele Sprachanlässe für die Kinder ergeben und deren kreatives Ergebnis zum Teil für weitere Sprachangebote des jeweiligen Themas nutzbar sind, z.B. Fingerpuppen zum Spielen und szenischen Sprechen.

Ein paar Worte vorab ...

Oder Sie finden hier einen Vorschlag für ein **Kreisspiel,** in dem der Gebrauch und das Spiel mit der Sprache im Vordergrund stehen.

Diese bunte Seite ist angefüllt mit kurzweiligen Sprachangeboten. Diese sind, bis auf die Zungenbrecher und Schnellsprechsätze, in Reimen formuliert, was die Kinder besonders anspricht. Dazu gehören **Rätsel, Tischsprüche, Schlachtrufe, Zauber- und Hexensprüche, Nonsensreime und Abzählreime.**

In einer **Bewegungsgeschichte** oder einem **Bewegungsspiel** lassen sich Sprache und Bewegung in freudvoller Weise kombinieren. Sie werden dem Bewegungsbedürfnis der Kinder gerecht und fördern die Fähigkeit, Sprache in Bewegung umzusetzen.

Dieses Angebot dient der **Entspannung.** Die Kinder können Ruhe und Ausgeglichenheit beim Spielen oder Genießen einer Massagegeschichte, beim Miterleben einer Fantasiereise oder beim Lauschen eines Entspannungsreimes oder einer Entspannungsgeschichte finden.

Das letzte Angebot jedes Kapitels beinhaltet eine **Sinneserfahrung.** Das kann ein Experiment sein, der Umgang mit verschiedenen Materialien oder eine Idee, bei deren Umsetzung die Sinne der Kinder angesprochen und ihre Wahrnehmung geschult wird. Diese Angebote regen die Kommunikation zwischen Kindern und Pädagogen an.

Ich wünsche Ihnen und Ihren Kindern nun bei der Verwendung dieser Ideen und Sprachangebote ganz viel Freude beim Zuhören, Erzählen, Mitsingen, Ausprobieren und gute kreative Einfälle zum Weitermachen.

Ute Schröder

Auf dem Meer mit den Piraten

Piraten faszinieren Kinder schon seit Generationen. Ihre Lebensweise, unterwegs mit dem Schiff über das raue Meer, hin zu geheimnisvollen Inseln und Abenteuern auf der Suche nach Schätzen, ihr Aussehen, ihre Kleidung, ihr sagenhafter Mut beim Entern eines Schiffes, wecken Anerkennung und Bewunderung bei den Kindern. Piraten sind ihre Helden. Und welches Kind möchte nicht gern ein Held sein?
Dieses Kapitel gibt den Kindern die Möglichkeit, in die Welt der Piraten und des Meeres einzutauchen, Abenteuer mit ihnen zu erleben oder selbst einer zu werden.

In einer spannenden **Geschichte** begleiten die Kinder die Piraten bei der Schatzsuche auf einer Insel.

Eine amüsante **Reimgeschichte** von einem Piraten, den ein Wal geschluckt hat, lädt die Kinder zum Reimen ein.

Ein lustiges **Lied** erzählt vom Leben der Piraten und animiert die Kinder zum Mitsingen und Mitschunkeln.

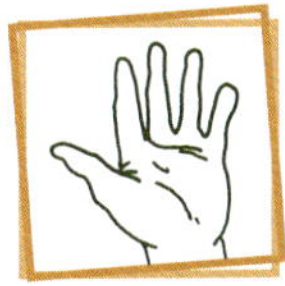

In einem **Fingerspiel** spielen die Kinder mit ihren Händen, was Piraten alles können.

Ein **Gestaltungstipp** für spielende Finger: Die Kinder stellen ihre eigene kleine Finger-Piratenpuppe her.

Eine bunte Seite mit **Sprüchen** und **Rätseln** macht den Kindern Spaß und erweitert deren Wissen und Wortschatz zum Thema Piraten.

Die Kinder werden selbst Piraten. In der **Bewegungsgeschichte** kapern sie ein Handelsschiff und können Mut und Geschick beweisen.

Eine **Massagegeschichte** nimmt die Kinder mit in die Tiefen des Meeres und ihre Hände werden zu Meerestieren.

Bei einem Tauchgang, der etwas Überwindung kostet, werden die **Sinne** der Kinder geschult.

Viel Spaß auf dem Meer mit den Piraten!

Der Schatz der Piranhas

Das fördern Sie

- Mit dieser Geschichte erweitern die Kinder ihren Wortschatz zum Themenbereich „Piraten": Sie verinnerlichen zentrale Begriffe, wie *Seeräuber*, *Schatzkiste*, *Schatztruhe*, *Schloss*, *Goldstücke* und viele weitere Wörter, und insbesondere das anschließende gemeinsame Erzählen festigt den aktiven Wortschatz, indem es weitere Begriffe zum Thema anstößt: *Silber*, *Ketten*, *Armreifen*, *Diamanten* …

Idee zum Weitermachen

- Wie wäre es, selbst einmal einen Schatz zu verstecken und eine eigene Schatzkarte für das Versteck anzufertigen? Die Kinder können sich ein Versteck in der Kita ausdenken, in der sich eine Kleinigkeit für einen anderen Schatzsucher hinterlegen lässt. Für den Schatzsucher gibt es natürlich auch eine passende Schatzkarte mit eindeutigen Hinweisen zum Versteck …

Tipp

Nach dem Vorlesen der Geschichte können die Kinder Vermutungen äußern, was die Piraten gern in der Kiste gefunden hätten oder was sie sich selbst als Schatz vorstellen könnten. Lassen Sie der Fantasie der Kinder freien Lauf.

*Die **Piraten** hatten die geheimnisvolle Insel gefunden. Hier musste der **Schatz** versteckt sein. Der Schatz der **Seeräuber,** die sich „Die Gefürchteten Piranhas" nannten und von denen sie die **Schatzkarte** erbeutet hatten. Die Piraten breiteten die Karte aus und berieten: Die Stelle, an der vermutlich der Schatz lag, war mit einem **Kreuz** markiert. Um das Kreuz waren fünf Kreise gemalt. Der **Kapitän** fuhr mit dem Finger über die Karte und erklärte: „Der Schatz liegt hier in Strandnähe. Wir müssen den **Strand** absuchen und diese fünf Dinge finden, **Palmen** vielleicht oder Felsen. Und genau dazwischen, da liegt er, der Schatz der Piranhas." „Die Augen der Piraten leuchteten, und sie machten sich sofort auf den Weg. Sie liefen und liefen, doch außer Sand, Wasser und Felsen war nichts zu entdecken. Die Sonne stand inzwischen hoch am Himmel, und es wurde unerträglich heiß. „Ich kann nicht mehr", jammerte Schlitzohr. „Ich brauche eine Pause." Messer-Jo ließ sich auf einen Stein fallen und band die Wasserflasche ab. Die anderen taten es ihm nach und setzten sich auch auf die herumliegenden Steine. Nur der Kapitän lief weiter, doch seine **Mannschaft** folgte ihm nicht. Da drehte sich der Kapitän wütend zu seinen Männern um und wollte sie beschimpfen. Doch mit offenem Mund blieb er stehen und fing an, zu lachen, dass ihm die Tränen über die Wangen kullerten. Die Männer sahen ihren Käpt'n verwundert an. „Ihr seid mir richtige **Goldstücke",** sagte der Kapitän und wischte sich die Tränen ab. „Seht euch doch an! Wo sitzt ihr?" „Na auf Steinen", sagte Hakennase blöd. „Fünf Steine", rief Messer-Jo aufgeregt und sprang auf. „Wir sitzen vor unserem Schatz!" Jetzt hatte es auch der letzte Pirat kapiert. Die Wasserflaschen und die Pause waren vergessen. Alle ließen sich in den Sand fallen und gruben mit ihren Händen. „Hier, hier, hier ist was Hartes, was Großes", rief plötzlich der Kapitän. Alle stürzten zu der **Fundstelle**. Und wirklich, je mehr Sand der Kapitän wegschob, desto mehr Holz wurde sichtbar. Gemeinsam zogen sie die große **Kiste** aus der **Grube**. Da stand ihr Schatz. Ein **Vorhängeschloss** hielt den **Riegel** der **Truhe** fest. Der Kapitän zog seine **Pistole** aus dem Gürtel, feuerte auf das eiserne **Schloss,** und es fiel kaputt in den Sand. „Ich werde den **Deckel** öffnen", sagte der Kapitän und hielt die anderen zurück. „Gebt Acht! Vor euch liegt der Schatz der elenden Piranhas." Ganz langsam öffnete er den Deckel, und seine Augen wurden immer größer und größer, seine Nasenflügel bebten und bebten, und sein Gesicht wurde röter und röter. Dann krachte er den Deckel wieder runter und schrie mit erhobenen **Fäusten** zum Himmel: „Ihr Hundesöhne, ihr Schweineschwänze, ihr elenden Rattengesichter, das werdet ihr büßen." Entsetzt rissen die anderen Piraten den Deckel wieder auf und sahen in die Schatztruhe. Da lag ein vergammelter, stinkender Fisch, ein **Piranha.***

Vom Piraten im Wal

Ein Pirat segelte **stolz**
auf seinem Schiff aus **Eichenholz.**
Die Wellen trugen ihn **dahin,**
nach reicher Beute stand sein **Sinn.**
Als er durch sein Fernrohr **sah,**
sah er ihn bedrohlich **nah.**
Ein riesengroßer, blauer **Wal**
suchte sich sein **Abendmahl.**
Der Pirat wollte schnell **weg,**
doch der Wal, er kam, oh **Schreck.**
Sein Maul war Furcht erregend **breit,**
zu einer Flucht blieb keine **Zeit.**
Der Wal verschlang das Schiff im **Nu,**
und den Piraten gleich **dazu.**
Das Schiff, es schwamm im Bauch **umher**
wie auf einem kleinen **Meer**.
„Hilfe, Hilfe, rettet **mich!**
Hier drinnen ist es **fürchterlich!"**

Dunkel war's und kalt und **nass,**
auf dem Wasser trieb ein **Fass.**
Alte Boote, **Rettungsringe**
und noch viele andre **Dinge.**
All das hat der Wal **verschluckt**
und nie wieder **ausgespuckt.**
„Na warte, **Riesenungeheuer,**
diese Frechheit zahlst du **teuer!"**
Der Pirat lud die **Kanonen**
mit Kartoffeln und mit **Bohnen.**
Und mit Feuer, Blitz und **Rauch**
schoss er in des Wales **Bauch.**
Der fing an, ganz laut zu **lachen,**
denn sie kitzelten, die **Sachen.**
Riss dabei das Maul weit **auf,**
der Pirat nahm schnell **Reißaus.**
Endlich war er wieder **frei,**
mit dem Spuk war's nun **vorbei.**

Ideen zum Mitmachen und Mitsprechen

Die Kinder können Ihren Vortrag begleiten, indem sie **im Sprechrhythmus** mit ihren Fäusten oder den flachen Händen auf den Boden, die Oberschenkel, den Tisch o. Ä. **klopfen.** Das hilft ihnen, ein Gefühl für Sprachrhythmus, Tempo und Sprachmelodie zu entwickeln.

Wenn die Kinder den Text schon ganz gut kennen, können Sie die Reimgeschichte gemeinsam im Dialog sprechen. Sie tragen den Text vor und lassen die Kinder dabei immer die jeweiligen **Reimwörter ergänzen.** Das macht nicht nur Spaß und verbessert die Artikulation, sondern fördert gleichzeitig auch den aktiven Wortschatz und die phonologische Bewusstheit, denn die Kinder entwickeln auch hierbei ein Gefühl für den Sprachrhythmus und die Sprachmelodie.

Sie können beim Vortragen der Reimgeschichte auch etwas **mit Stimmungen spielen:** Sprechen Sie den Text z. B. einmal *empört*, ein anderes Mal *geheimnisvoll*, beim dritten Mal *eingeschüchtert* oder auch einfach nur *amüsiert* … Das verleiht der unsäglichen Begebenheit aus der Geschichte jedes Mal ein andere Wirkung. Und für die Kinder ist es noch eine besondere Herausforderung, denn sie sollen die Reimwörter dann natürlich auch in der passenden Stimmung sprechen.

Lied vom Piratenschiff

Melodie: traditionell „Eine Seefahrt die ist lustig" **Text:** Ute Schröder

1.
Eine Seefahrt, die ist lustig.
Eine Seefahrt, die ist schön,
denn da kann man die Piraten
und Piratenschiffe seh'n.
Refrain:
Hol-la-hi, hol-la-ho
Hol-la-hi-a hi-a hi-a, hol-la-ho.

2.
Unser Kapitän, der alte,
hat ein Bein aus echtem Holz.
Damit tritt er seine Mannschaft.
Darauf ist er mächtig stolz.
Refrain:
Hol-la-hi, hol-la-ho …

3.
In der einen Hand das Fernglas,
in der ander'n Hand den Rum,
auf der Schulter einen Vogel,
dieser Käpt'n ist nicht dumm.
Refrain:
Hol-la-hi, hol-la-ho …

4.
Und die leuchtend weißen Möwen
sind heut' wieder ganz schön keck,
denn sie kacken, kacken, kacken
auf das frisch gewasch'ne Deck.
Refrain:
Hol-la-hi, hol-la-ho …

5.
In des Schiffes tiefem Bauche
zwischen Fässern ganz versteckt,
pennt der allerfaulste Seemann,
bis der Kapitän ihn weckt.
Refrain:
Hol-la-hi, hol-la-ho …

6.
Und der Koch in der Kombüse,
dieser vollgefress'ne Sack,
schmeißt die Fliegen in die Suppe,
so ein fieser Schabernack.
Refrain:
Hol-la-hi, hol-la-ho …

7.
Und der Steuermann, der schlaue,
jagt den Schiffen hinterher,
die das Gold geladen haben,
übers weite, weite Meer.
Refrain:
Hol-la-hi, hol-la-ho

Tipp

Dieses Lied eignet sich hervorragend zum Mitschunkeln. Dazu setzen sich die Kinder in einen Kreis, haken sich mit den Armen unter und schunkeln im Rhythmus hin und her. Mit den Schunkelbewegungen prägen sich die Liedstrophen und natürlich auch die Grundwortschatzwörter zum Thema „Piraten" noch besser ein.

Ideen zum Mitmachen

Sie singen die Strophen vor, und die Kinder stimmen in den Refrain ein. Das fröhliche Hol-la-hi, hol-la-ho aus dem Refrain ist eine gute Gelegenheit, bei der die Kinder üben, die Vokale und den Problemlaut deutlich zu artikulieren. Und wer das Lied schon ganz gut kennt, darf natürlich die Strophen mitsingen.

Fingerspiel von den zwei Piraten

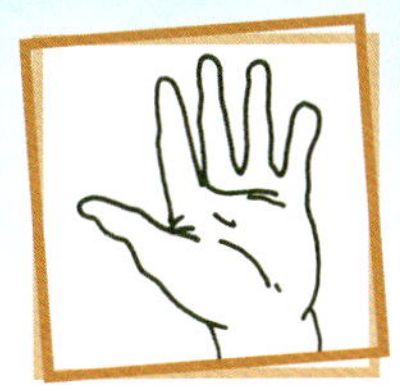

Verse sprechen …	Finger spielen …
So sieht ein Pirat aus.	*Eine Hand hinter dem Rücken hervorholen und die Handfläche zeigen.*
Der Kapitän kommt auch gleich raus.	*Mit der anderen Hand wiederholen.*
Piraten leben auf dem Meer.	*Mit beiden Armen ein weites Meer andeuten.*
Das Schiff schaukelt sie hin und her.	*Die Handflächen nebeneinanderhalten und in Wellen hin- und herbewegen.*
Piraten klettern flink und munter an den Seilen hoch und runter.	*Die Hände wackelnd hoch- und runterbewegen.*
Und sie trinken gerne Rum, manchmal haut sie dieser um.	*Mit einer Hand das Trinken andeuten; mit den Handrücken auf die Oberschenkel schlagen.*
Piraten essen gerne Fisch. Sie schlagen und sie raufen sich.	*Mit Hand und Kaubewegungen das Essen andeuten; mit den Fäusten gegeneinander boxen.*
Piraten singen schlimme Lieder, tanzen dabei hin und wieder,	*Die Hände tanzend hin- und herbewegen.*
drehen sich wie wild im Kreise oder auf verrückte Weise.	*Die Hände umeinander rollen.*
Wenn Piraten müde sind, legen sie sich hin geschwind,	*Die Hände waagerecht halten.*
in die Hängematten rein, schaukeln in den Schlaf hinein.	*Die Hände leicht hin- und herschaukeln.*
Ist die stille Nacht vorbei, hört man Kapitänsgeschrei:	*Die Hände hochschrecken lassen.*
„Alle Mann an Deck, die Schatzkarte ist weg!“	*Die Hände hinter dem Rücken verschwinden lassen.*

Tipp

Malen Sie auf jede Handfläche ein Piratengesicht (Augenklappe, Bartstoppeln …), und binden Sie ein kleines Tuch um die Fingerspitzen. Oder Sie binden die selbstgebastelten Fingerpuppen (siehe Seite 12) beim Fingerspiel ein.

Das fördern Sie

- Durch die Kombination von gesprochenen Versen und passenden Bewegungen prägen sich die Wortbedeutungen leichter ein, und Sie fördern nicht nur die Feinmotorik, sondern gleichzeitig auch den passiven Wortschatz der Kinder. Fordern Sie ruhig auch die Merkfähigkeit der Kinder heraus: Wenn Sie das Fingerspiel öfter spielen, können die Kinder den Text bald selbst mitsprechen. Dabei bekommen sie nicht nur ein Gefühl für den Sprachrhythmus, sondern das szenische, betonte Sprechen hilft ihnen außerdem, die Sprachmelodie zu verinnerlichen.

Fingerpiraten selbstgemacht

Das brauchen Sie

- Tischtennisbälle (weiß oder beige); Folienstifte (mehrere Farben zur Auswahl)

Material für die Variation

- Tischtennisbälle, Folienstifte, Schere; farbiger dünner Stoff; Wollfäden (verschiedene Farben); Kleber

Das bereiten Sie vor

Die Tischtennisbälle, die zu Piratenköpfen werden sollen, benötigen ein Loch, in das man später den Finger hineinstecken kann (zum Halten). Mit einer gekrümmten Nagelschere schneiden Sie dieses Loch am besten schon vorher aus und achten darauf, dass es nicht zu groß wird für einen Kinderfinger.

Lassen Sie die Kinder dann Ideen zusammentragen, wie ein Pirat aussehen könnte. Hat er einen Bart oder nur Bartstoppeln? Trägt er eine Augenklappe? Hat er vielleicht eine Narbe im Gesicht? Lacht er frech, oder schaut er böse? Hat er Haare oder ein Piratentuch? Der Fantasie und Kreativität der Kinder sind keine Grenzen gesetzt …

Gut zu wissen

Schon in diesem Vorabgespräch ist der aktive Wortschatz der Kinder ganz schön gefordert, wenn sie ihren Piraten beschreiben sollen.

So geht es

- Jedes Kind kreiert seinen eigenen Piraten. Mit verschiedenfarbigen Folienstiften malen die Kinder ihren Piratenkopf an.

Variation für Könner

Ältere Kinder können ihren Fingerpiraten auch etwas aufwändiger gestalten. Planen Sie hierfür aber auch etwas mehr Zeit ein. Die Kinder schneiden dazu ein kleines Tuch aus Stoff aus. Soll der Pirat Haare haben, kleben die Kinder zuerst die Haare an den Tischtennisball. Anschließend befestigen sie den ausgeschnittenen Stoff als Kopftuch oder als Stirnband auf den „Haaren" mit Klebstoff am Tischtennisball. Zum Schluss malen sie dem Piraten noch ein Gesicht auf.

Tipp

Die Kinder können auch mehrere Piraten gestalten und so eine ganze Schiffsbesatzung mit Kapitän, Steuermann und Matrosen entstehen lassen, die sich zum szenischen Darstellen verschiedener Piratenaktionen nutzen lässt. Das Fingerspiel von Seite 11 können die Kinder z. B. mit verteilten Rollen spielen. Oder sie begleiten die Geschichte von Seite 8 mit ihren Fingerpiraten bzw. spielen sie in einem kleinen Fingerpuppentheater nach.

Zum Rätseln und Quatschmachen

Schlachtrufe

Piraten sind wir heute.
Wir machen fette Beute.
Her mit eurem ganzen Geld!
Uns gehört die weite Welt.
He, he, he!

He, Piraten, seid bereit!
Jetzt beginnt die Räuberzeit!
Schärft die Säbel, wetzt die Messer,
denn dann klappt das Räubern
besser!

Tischsprüche

Wo bleibt unser Mittagessen?
Hat der Koch uns heut' vergessen?
Kommt der Napf nicht bald herbei,
gibt es eine Meuterei.

Wo ist dieser faule Koch?
Schläft der etwa immer noch?
Köchlein, Köchlein, spute dich,
und bring das Essen auf den Tisch!

Schlachtruf-Tipp

Diese Sprüche können zur Eröffnung oder Begrüßung eines Piratentages oder Piratenfestes genutzt werden. So können sie zu einem gemeinsamen Ritual werden, das natürlich auch im Morgenkreis während einer Piraten-Projektphase seinen Platz finden darf.

Piraten-Rätsel

Alles hört auf sein Kommando.
Er ist Chef an Bord.
Er bestimmt die Reiseroute
hin zum nächsten Ort.
(Kapitän)

Jeder will ihn haben.
Oft ist er vergraben.
Eine Karte braucht man dann,
dass man ihn auch finden kann.
(Schatz)

Wie ein Schiff in hohen Wellen
schaukelt sie dahin.
Wenn es abends dunkel wird,
der Seemann schläft darin.
(Hängematte)

Es gibt große und auch kleine,
sind im Schwarm oder alleine.
Der Seemann fängt ihn frisch,
und abends liegt er auf dem Tisch.
(Fisch)

Wer hat das Ruder fest im Griff
und umsegelt jedes Riff?
Der, der das am besten kann,
heißt an Bord der …
(Steuermann)

Jedes Schiff muss einen haben.
Eine Kette muss ihn tragen.
Soll die Fahrt zu Ende sein,
wirft man ihn ins Wasser rein.
(Anker)

Meistens ist er rund und klein,
kann auch etwas größer sein.
Eine Nadel tanzt darin
und zeigt stets nach Norden hin.
(Kompass)

Er ist das größte Tier auf Erden,
so groß wie er kann keines werden.
Er lebt im Meer, ist doch kein Fisch.
Na? Wie nennt der Riese sich?
(Blauwal)

Tischspruch-Tipp

Den Kindern macht es noch mehr Vergnügen, wenn sie mit dem Besteck in den Fäusten im Sprechrhythmus auf den Tisch schlagen.

Das fördern Sie

- Das Piraten-Rätsel fördert neben der Fantasie und Konzentration insbesondere auch das Wortverstehen und den aktiven Wortschatz der Kinder sowie das Wissen und Denken in thematischen Zusammenhängen.

Bewegter Piratenüberfall

Gut zu wissen

- Für diese Geschichte brauchen Sie Platz, und es sollte auch ruhig mal etwas lauter werden dürfen.

Hinweis zum Geschichtenspielen

- Nach den orangefarben markierten Stellen im Geschichtentext müssen Sie eine kleine Pause machen, um den Kindern die Bewegungsumsetzung zu ermöglichen.

Das fördern Sie

- Durch die Kombination von Sprache und Bewegung trainieren Sie gezielt das Wortverstehen, indem die Kinder die Wortbedeutungen aus dem Geschichtenzusammenhang erfassen und sodann in passende Bewegungen umsetzen müssen. Das festigt die Wortbedeutung im passiven Wortschatz.

Das Schiff trieb scheinbar ohne Besatzung auf dem offenen Meer. Kein Seemann war an Bord zu sehen, die Segel des Schiffes hingen schlaff herab, und es hatte keine Flagge gesetzt. Was war das für ein Schiff? Woher kam es? Das fragten sich die Matrosen eines Handelsschiffes, das sich langsam näherte. Es hatte kostbare Gewürze, edle Seide und unzählige Golddukaten geladen. Die Piraten hielten sich auf ihrem Schiff versteckt. Für die Besatzung des Handelsschiffes waren sie unsichtbar. Die Matrosen suchten mit Fernrohren vergeblich das gesamte Schiff ab, doch kein Mann und keine Maus waren zu sehen. Die Piraten hockten in ihren Verstecken. ----- Sie machten sich so klein wie möglich, zogen ihre Köpfe ein und bewegten sich nicht. ----- Der Kapitän des Handelsschiffes war neugierig und steuerte deshalb auf das verlassene Schiff zu. Was hatte es mit diesem Geisterschiff auf sich? Als das Handelsschiff nur noch wenige Meter entfernt war, gab der Piraten-Kapitän seiner Mannschaft das Signal. „Entern!", brüllte er aus voller Kehle. Die Piraten schnellten in die Höhe, ---- schleuderten die Enterhaken im Kreis über ihre Köpfe ----- und warfen sie dann mit Schwung über die Reling des Handelsschiffes. ----- Mit Leibeskräften zogen sie das Schiff zu sich heran. ---- Als sich die Bordwände der Schiffe berührten, gab der Kapitän den nächsten Befehl: „Angriff!" Die Seeräuber stürmten los, ----- kletterten über die Reling ----- und zogen ihre Säbel und Langmesser. ----- Die Schlacht begann. Mit kräftigen Hieben schlugen die Piraten auf die Matrosen ein. ----- Die hatten ebenfalls ihre Waffen gezogen und verteidigten sich standhaft. Die Säbel rasselten, und die Messer klirrten. Alle kämpften um ihr Leben. ----- Da hallte ein Pistolenschuss über Bord, und jeder Mann erstarrte in seiner Bewegung. ----- Für Sekunden war es mucksmäuschenstill, keiner bewegte sich. ----- Dann sahen alle in die Richtung, aus welcher der Schuss gekommen war. ----- Der Piratenkapitän stand mit erhobener Pistole am Bug des Schiffes und hatte den gegnerischen Kapitän in seiner Gewalt. „Wenn euch das Leben eures Käpt'n etwas wert ist, ergebt euch!", rief er den Männern zu. Die Matrosen legten ihre Waffen nieder und hoben die Hände über den Kopf. Da jubelten die Piraten und führten einen Freudentanz auf. Sie sprangen herum, ----- umarmten sich ----- und beglückwünschten sich gegenseitig zu diesem erfolgreichen, schnellen Überfall. ----- „Stillgestanden!", brüllte da der Kapitän. „Aye, aye, Käpt'n", antworteten die Piraten, standen stramm ----- und grüßten mit der Hand am Kopf. ----- Der Kapitän lächelte und sagte: „Zu unserem Erfolg möchte ich unser Piratenlied hören! Alle singen mit!" Und schon schmetterten die Piraten los: „Schön ist das Piratenleben, danach woll'n wir immer streben. Lasst Messer und Pistolen krachen, fette Beute woll'n wir machen." (die Kinder singen das Piratenlied)

Auf dem Meeresgrund

So geht es

- Die Kinder suchen sich einen Partner und spielen die Geschichte in Zweiergruppen, indem sie sich gegenseitig passend zum Inhalt der Geschichte massieren. Dazu tauschen sie entweder nach der Hälfte der Geschichte die Rollen, oder Sie lesen die Geschichte zweimal vor, sodass jeder einmal massiert werden kann. Spielen Sie am besten selbst mit und massieren ein Kind. So können die anderen Masseure bei Ihnen sehen, welche Bewegungen sie auf dem Rücken ihrer Partner ausführen müssen.

Das fördern Sie

- In diesem Spiel erfahren die Kinder die Wortbedeutung mit dem ganzen Körper und genießen die Ruhe und die sanften Berührungen. Das fördert zum einen die taktile Wahrnehmung, und zum anderen hilft es den Kindern, die Wörter in ihrem passiven Wortschatz zu verankern. Damit ist diese kleine Massagegeschichte eine willkommene Auszeit im sonst so turbulenten Piratengelage.

Das Meer schimmert herrlich blau im Sonnenlicht. Kleine Wellen kräuseln sich und rollen zum feinen Sandstrand. (mit allen Fingerspitzen Wellen auf den Rücken malen) Doch plötzlich versteckt sich die Sonne. Dunkle Wolken ziehen heran, es beginnt, zu regnen. (mit dem Zeigefinger langsam auf verschiedene Stellen des Rückens tippen) Der Regen wird immer stärker. Es blitzt und donnert. (mit allen Fingern schneller tippen) Doch unter der Meeresoberfläche, auf dem Meeresgrund, ist davon nichts zu spüren. Dort ist es ruhig und friedlich. Da kommt ein Krake geschwommen und wühlt mit seinen Fangarmen den Meeresboden auf. (den ganzen Rücken mit beiden Händen durchkneten) Das gefällt der Krabbe, die es sich unter einem Stein gemütlich gemacht hat, überhaupt nicht. Auf ihren dünnen, spitzen Beinchen krabbelt sie schnell davon (mit den Fingerspitzen einer Hand schnell über den Rücken laufen) und gesellt sich zu einer großen Muschel. Die will aber ihre Ruhe haben. Sie klappt ihre Schalen auf und zu und schwimmt so davon. (die Handflächen aneinanderlegen, mit den Handkanten auf dem Rücken ablegen, die Finger auf- und zuklappen, dabei über den Rücken schieben) Als ihr ein großer Schwarm Fische entgegenkommt, lässt sie sich auf den Meeresgrund fallen. Der Fischschwarm schießt schnell wie der Blitz hin und her. (mit beiden flachen Händen schnell kreuz und quer über den Rücken reiben) Ein Hai ist auf der Suche nach Beute und schwimmt direkt in den Schwarm hinein. Mit seinem Maul und den spitzen Zähnen darin schnappt er nach den Fischen. (mit den Fingerspitzen der Hand mehrmals in den Rücken pieken) Eine Seeschlange, die zwischen Korallen liegt, sieht den Räuber und bringt sich in Sicherheit. Elegant schlängelt sie sich davon. (mit dem Zeigefinger Schlangenlinien malen) Auf ihrer Flucht begegnet der Seeschlange eine Qualle. Die Schlange beobachtet, wie sich der Körper der Qualle öffnet und zusammenzieht und sie sich so stoßweise vorwärtsbewegt. (die Fingerspitzen einer Hand kreisförmig auf den Rücken stellen, abwechselnd auseinanderdrücken und wieder zusammenführen) Die Qualle schwimmt nach oben an die Meeresoberfläche. Alles ist wieder ruhig. Das Gewitter ist vorbei, und das Meer schimmert herrlich blau und glatt im Sonnenlicht. (mit beiden Handflächen langsam über den Rücken streichen)

Schatztauchen

Eine kleine Erzählung zur Einstimmung

Die Piraten verbrachten den größten Teil ihres Lebens auf dem Meer und kreuzten auf der Suche nach Beute über die Ozeane. Darum war es besonders wichtig, dass ein Pirat gut schwimmen und tauchen konnte. Schätze gab es nicht nur auf geheimnisvollen, unbekannten Inseln oder auf Handelsschiffen zu holen, manchmal lagen sie auch versunken auf dem Grund des Meeres. War das Meer an dieser Stelle nicht allzu tief, versuchten die Piraten, danach zu tauchen. Es gab damals keine Taucherausrüstung und keine U-Boote. Die Piraten mussten die Luft lange anhalten können und ihre Augen in dem salzhaltigen Wasser öffnen, um etwas sehen zu können. Wenn ihr Lust habt, könnt ihr Piraten sein und versuchen, nach einem Schatz zu tauchen.

Das brauchen Sie

- eine große, flache Glasschüssel; einen Eimer Wasser; einen Becher oder eine große Schöpfkelle; eine Tüte Gummibärchen als Piratenschatz; eine Küchenrolle (zum Abtrocknen)

Schatztauchen – So geht es

Jedes Kind schöpft so viel Wasser aus dem Eimer in die Schüssel, wie es möchte. Dann versenkt es seinen Schatz im Wasser (fünf Gummibärchen; es können auch mehr sein, je nach Kinderzahl) und stellt sich einen echten Schatz vor (Goldstücke, Diamanten, Perlenketten, silberne Teller …), den es da gerade eben versenkt haben könnte. Davon erzählt es jetzt den anderen Kindern und begibt sich auf Schatztauchgang. Ein paar Regeln muss es dabei beachten:

- Die Schätze müssen mit dem Mund geborgen werden.
- Die Hände dürfen nicht zu Hilfe genommen werden.
- Jedes Kind entscheidet selbst, ob es dabei die Augen öffnet oder schließt.
- Jedes Kind hat drei Tauchversuche.
- Die anderen Kinder können das Geschehen durch die Glasschüssel beobachten.

Variation

Sie können auch verschiedene Gegenstände, wie Süßigkeiten, Cent-Stücke, Schmuck etc., in die Plastikhülle eines Überraschungs-Eies oder in eine verschließbare Fotohülle legen und die Kinder danach tauchen lassen. Dann sind die Motivation und die Überraschung bei den Kindern noch größer.

Tipp

Bei den ersten Versuchen müssen Sie beim Wasserstand regulierend eingreifen, da die Kinder das Verhältnis noch schlecht einschätzen können. Es sollte nicht der gesamte Kopf mit Haaren im Wasser verschwinden, aber das Gesicht sollte beim Schatztauschen schon mit Wasser bedeckt sein.

Auf der Ritterburg

Noch heute erhaltene Burgenanlagen sind imposante Zeitzeugen des Mittelalters, die Kinder neugierig machen – neugierig auf die Menschen und das Leben, das sie vor hunderten Jahren führten. Die größten Helden der Kinder sind ohne Zweifel die Ritter mit ihren stolzen Pferden und glänzenden Rüstungen, die, wenn sie nicht gerade in den Kampf zogen, ihre Stärke und Geschicklichkeit bei Schwertkämpfen und Turnieren erprobten. Ging es dabei um die Gunst einer Edeldame oder eines Burgfräuleins oder um den Kampf gegen einen Drachen, wird die Zeit des Mittelalters für die Kinder märchenhaft schön wahrgenommen. In dem folgenden Kapitel können Sie die Kinder auf eine Reise ins Mittelalter mitnehmen, auf der Sie ganz nebenbei zur Förderung der Sprache der Kinder beitragen.

Die Kinder erzählen die **Geschichte** von den Abenteuern des *Ritters Bodo* selbst. Sie geben lediglich Anregungen durch den Geschichtenanfang und verschiedene Gegenstände.

In einer **Reimgeschichte** lernen die Kinder den *Ritter Ohnemut* kennen, der nicht zum Ritter taugt und schließlich das Ritterdasein aufgibt.

In einem **Lied** hören die Kinder die Geschichte von einem *Drachentöter*, der die schöne Prinzessin befreit.

In einem **Fingerspiel** lernen die Kinder fünf Ritter kennen, die am Ende doch nicht so toll und tapfer sind, wie sie erst taten, und sich vor den schwarzen Rittern verstecken.

Der **Gestaltungstipp** zeigt Ihnen, wie jedes Kind sein persönliches Ritterwappen anfertigen kann und bietet den Kindern viele Möglichkeiten zum Erzählen.

Eine Seite mit **Rätseln** weckt den Ehrgeiz der Kinder zum Lösen dieser und erweitert den mittelalterlichen Wortschatz der Kinder.

In einem **Bewegungsspiel** von *Ritter Rübe* bewegen sich die Kinder nach dem Erkennen der Anzahl der Silben von Wörtern fort.

Die **Massagegeschichte** nimmt die Kinder mit auf Burg Schönsteina, wo sie mit ihren Händen auf dem Rücken eines Kindes die Vorbereitungen für ein Rittertreffen mitspielen.

Mit einem Mahl an der Rittertafel wie zu Ritterszeiten verwöhnen Sie die **Sinne** der Kinder und schaffen eine angenehme Erzählatmosphäre.

Und nun viel Spaß mit stolzen Rittern und edlen Damen!

Die Abenteuer des Ritters Bodo

Das brauchen Sie

- einen Sack mit Gegenständen, die auch in die Ritterzeit passen (mindestens so viele wie anwesende Kinder), z. B. *Ring, Halskette, Stein, Feder, Seil, Tuch, Schuh, Münze, Messer, Becher, Teller ...*

Erzähl-Tipp

Diese Geschichte hat nur einen Anfang. Die eigentliche Geschichte erfinden die Kinder mit viel Fantasie selbst. Sie geben lediglich Anregungen in Form von verschiedenen Gegenständen.

Das fördern Sie

- Mit dieser Geschichte erweitern die Kinder ihren Wortschatz zu den Themen „Ritter", „Abenteuer" und „Drachen". Dabei verinnerlichen sie zentrale Begriffe, wie *Abenteuerreise, Schwert, Schutzschild, Räuber* und viele weitere Wörter. Insbesondere durch das gemeinsame Erzählen festigen sie ihren aktiven Wortschatz, weil sie sich selbst neue Begriffe ausdenken, die zum Thema passen.

Ein paar Worte vorab

Seht, was ich hier habe! Dieser Sack gehörte dem berühmten Ritter **Bodo von Bodonien**. Als sein Land von einem Feuer spuckenden **Drachen** bedroht wurde, machte er sich auf den Weg, ihn zu finden und zu vernichten. Auf seiner Reise erlebte er viele Abenteuer. Jeder Gegenstand in seinem **Sack** berichtet uns von einer abenteuerlichen Begebenheit.

Sie greifen in den Sack und holen den Ring heraus, halten ihn hoch und erzählen die Geschichte weiter, in der sie den Ring einfügen. Ein Beispiel folgt, sollte von Ihnen aber nicht vorgelesen, sondern nur sinngemäß erzählt werden.

So könnte die Geschichte beginnen ...

Ritter Bodo ritt schon tagelang durch einen dunklen Wald, als er **plötzlich Hilfeschreie** hörte. Er lauschte aufmerksam, aus welcher Richtung die Rufe kamen, und pirschte sich vorsichtig heran. Da sah er die **Wegelagerer**, die eine edle Dame ausrauben wollten. Er zog sein eisernes Schwert und schlug die Räuber in die **Flucht**. Die edle Dame bedankte sich herzlich für ihre **Rettung**, zog einen Ring von ihrem Finger und sagte: „Nehmt dies zum **Lohn,** mein tapferer Ritter!"
Der Ritter verbeugte sich galant, dankte der schönen **Dame** und ritt weiter.
Nun reichen Sie den Sack entweder an das Kind neben sich oder an ein freiwilliges Kind weiter. Das nimmt einen Gegenstand heraus und erzählt die Geschichte, mit einem Abenteuer, in dem dieser Gegenstand eine Rolle spielt. So wird der Sack des Ritters Bodo immer weitergereicht.

So könnte die Geschichte enden ...

Jede Geschichte sollte ein gutes Ende haben. Hat also noch kein Kind in seinem Teil der Geschichte den Feuer speienden Drachen besiegt, dann beenden Sie die Geschichte und lassen den tapferen Ritter Bodo in einem spannenden Kampf den Drachen besiegen.

Tipp

Stellen Sie am Anfang diese Erzählregel vor: „Solange ein Kind spricht, hören die anderen Kinder einfach nur zu, ohne den **Geschichtenerzähler** zu unterbrechen." Erinnern Sie die Kinder zwischendurch immer mal wieder daran, wenn sie es vergessen haben sollten. So eine Rittergeschichte kann nämlich unglaublich aufregend sein, sodass alle am liebsten miterzählen wollen.

Vom Ritter „Ohnemut"

Findet ein Turnierkampf **statt,**
zeigt jeder Ritter, was er **hat.**
Seine Rüstung, seine **Waffen**,
sollen mächtig Eindruck **schaffen.**
Dann reitet stolz der **Rittersmann**
und zeigt den Damen, was er **kann.**
Nur nicht Ritter **„Ohnemut",**
der konnte wirklich gar nichts **gut.**
Seine Rüstung war zum **Heulen**,
hatte überall nur **Beulen**.
Seine Stiefel war 'n ein **Graus**,
denn die Zehen schauten **raus.**
Rostig war sein altes **Schwert,**
klapperdürr sein braunes **Pferd.**
Schoss „Ohnemut" mit Pfeil und **Bogen,**
kam der Pfeil **zurückgeflogen.**
Schwang er sich aufs Pferd, ganz **munter,**
fiel er zur ander'n Seite wieder **runter.**
Zog er sein altes **Ritterschwert,**
blieb er meist nicht **unversehrt,**
stach sich selber in die **Hand,**
brauchte dann einen **Verband,**
schlug sich selbst die Nase **platt,**
ach, er hatte es so **satt.**
Ritter sein war furchtbar **schwer**,
„Ohnemut", der wollt' nicht **mehr.**
Er warf die Rittersachen **hin**
und plötzlich kam ihm in den **Sinn:**
„Ich laufe einfach durch die **Welt**
und schaue, wo es mir **gefällt.**
Dort lasse ich mich **nieder.**
Als Ritter? – Nie, nie **wieder!"**

Ideen zum Mitmachen und Mitsprechen

Die Kinder können den Reimvortrag begleiten, indem sie im **Sprechrhythmus** mit den Füßen laut auf den Boden **stampfen** oder mit den Händen auf die Oberschenkel, den Tisch o. Ä. **klopfen.** Das hilft ihnen, ein Gefühl für Sprachrhythmus und Sprachmelodie zu bekommen.

Wenn die Kinder den Text schon gut kennen, ermuntern Sie sie, die jeweiligen **Reimwörter zu ergänzen** oder die Reimwörter **mitzusprechen.** Als kleine Hilfe können Sie die ersten Buchstaben des Reimwortes vorsprechen. Die Kinder können so einfacher ergänzen. Das macht nicht nur Spaß und verbessert die Artikulation, sondern fördert gleichzeitig auch den aktiven Wortschatz und die phonologische Bewusstheit, denn die Kinder entwickeln auch hierbei ein Gefühl für Sprachrhythmus und Sprachmelodie.

Regen Sie die Kinder an, die Geschichte **pantomimisch** zu begleiten. So können sie ihre Spielfreude nutzen, um Einfühlungsvermögen und Kreativität ganz nebenbei zu fördern. Den Kindern fällt es leichter, durch das Darstellen des Erzählten, neue Begriffe zu lernen und zu begreifen.

Lied vom Drachentöter

Melodie: traditionell „Der Kuckuck und der Esel" **Text:** Ute Schröder

1.
In einem fernen Lande
am Ende dieser Welt,
da träumte die Prinzessin,
da träumte die Prinzessin,
von einem starken Held,
von einem starken Held.

2.
Doch eines schönen Tages,
ein Drache flog herbei,
er raubte die Prinzessin,
er raubte die Prinzessin.
Da gab es ein Geschrei,
da gab es ein Geschrei.

3.
Ein Ritter dieses Landes,
der hörte von dem Leid.
Er holte seine Waffen.
Er holte seine Waffen
und war zum Kampf bereit,
und war zum Kampf bereit.

4.
Der edle, starke Ritter,
er fand das Ungetüm,
in einer alten Höhle,
in einer alten Höhle,
und er besiegte ihn,
und er besiegte ihn.

5.
Da nahm der Drachentöter
das schöne Mädchen mit.
Mit seiner Prinzessin,
mit seiner Prinzessin,
zur Hochzeit er dann ritt,
zur Hochzeit er dann ritt.

Ideen zum Mitmachen und Mitsingen

Singen Sie den Kindern mehrmals die Strophen vor. Wenn die Kinder das Lied kennen, können sie die **Wiederholungen** mitsingen. Mit dem Wiederholen dieser Zeilen fördern Sie die Merkfähigkeit der Kinder und ganz nebenbei ihren aktiven Wortschatz und die phonologische Bewusstheit von **schwierigen Wörtern,** wie *Prinzessin, Held, Geschrei, Waffen, Höhle …*

Das Lied eignet sich auch hervorragend zum **aktiven Einsatz** des ganzen Körpers. So können die Kinder jedes Mal, wenn eine Wiederholung gesungen wird, mit Armen, Beinen oder auch Gesichtsausdrücken passende **Bewegungen** zum Liedtext machen. Sie können z. B. verträumt schauen wie die Prinzessin oder zur Hochzeit reiten … Dadurch prägen sich die Liedstrophen und natürlich auch die Grundwortschatzwörter zum Thema „Ritter" viel besser ein.

Fingerspiel von den fünf Rittern

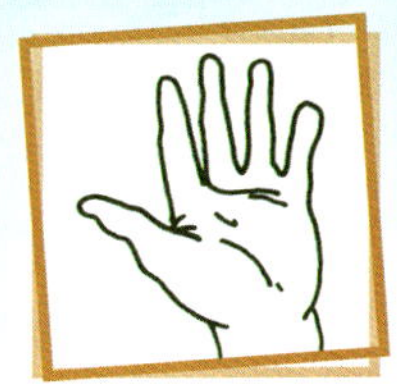

Verse sprechen …	Finger spielen …
	Mit einer Hand eine Faust machen und nacheinander alle Finger ausstrecken …
Das ist Ritter **Kunibert,** hat ein messerscharfes **Schwert.**	*… erst den Daumen,*
Der heißt Ritter **Raufebold,** trägt einen Helm aus purem **Gold.**	*dann Zeigefinger,*
Der nennt sich starker **Rittersmann,** hat eine schwere Rüstung **an.**	*Mittelfinger,*
Dieser Ritter namens **Gerd,** hat ein stolzes **Ritterpferd.**	*Ringfinger*
Und das kleinste **Ritterlein,** möchte auch so prächtig **sein.**	*und ganz zum Schluss den kleinen Finger.*
Da fangen alle an, zu **zittern** vor den starken schwarzen **Rittern.**	*Alle gespreizten Finger der Hand zappeln lassen.*
Schnell machen sie sich **klein,** wollen gar nicht tapfer **sein**	*Mit der Hand eine Faust machen.*
und verstecken sich – husch, **husch** – hinter einem großen **Busch.**	*Die Faust hinter dem Rücken verstecken.*

Das fördern Sie

- Durch die Kombination von gesprochenen Versen und passenden Bewegungen prägen sich die Kinder die Wortbedeutungen leichter ein. Dabei bekommen Sie ein Gefühl von Sprachrhythmus und verinnerlichen durch das betonte, szenische Sprechen die Sprachmelodie. Wenn Sie die Kinder zum Mitsprechen ermuntern, fördern Sie außerdem die Merkfähigkeit.

Tipp

Malen Sie Ihre Finger passend an mit Schwert, Helm, Rüstung … oder benutzen Sie Fingerpuppen, die Sie zusammen mit den Kindern basteln. Fragen Sie die Kinder, wie z. B. der Goldhelm von Ritter Raufebold oder das stolze Pferd von Ritter Gerd aussehen. Durch die spielerische und kreative Beschäftigung mit den möglichen Attributen der „fünf Ritter" erweitern Sie den Wortschatz der Kinder.

Ritterwappen selbstgemacht

Eine kleine Erzählung zur Einstimmung

Jeder Ritter besaß ein persönliches ***Wappen.*** *Das war ein Zeichen, das für seine* ***Familie*** *stand und an dem jedermann erkennen konnte, wer der Ritter war. Dieses* ***Ritterwappen*** *durften nur ganz bestimmte* ***Farben*** *haben, wobei jede Farbe für eine* ***Eigenschaft*** *stand. Die Farbe Silber bedeutete Klugheit, Gold Reichtum und Ansehen. Rot zeugte von Tapferkeit, Schwarz von Standhaftigkeit, die Farbe Blau von Treue und Aufrichtigkeit. Grün bedeutete Freiheit. Diese Farben bedeckten den Grund des Wappens, und darauf waren die persönlichen* ***Motive*** *der Ritterfamilie abgebildet. Das konnten Tiere, Pflanzen, Waffen, Menschen, Muster oder Symbole, wie die Sonne oder eine Krone, sein. Das Ritterwappen wurde zur* ***Erkennung*** *und als* ***Schmuck*** *getragen. Die* ***Burgfräuleins*** *verbrachten viel Zeit damit, dieses Wappen auf Fahnen, Banner und Kleidungsstücke zu sticken. Das Wappen wurde auch auf Waffen, z. B. dem Schild, oder Haushaltsgegenständen, z. B. Trinkbechern, angebracht. Jeder Ritter war stolz auf sein* ***Familienwappen.***

Das brauchen Sie

- Malunterlage für jedes Kind; weißes A4-Tonpapierblatt oder Karton; Wassermalfarben in den Farben Silber (Grau), Gold (Gelb), Rot, Schwarz, Gelb, Grün; Pinsel; Wasserbecher; schwarzes Klebeband oder schwarze Tonpapierstreifen ca. 1cm breit; Scheren; Leim

Ritterwappen selber machen – So geht es

- Die Kinder halbieren oder vierteln ihr Blatt mit Hilfe des schwarzen Klebebandes oder der schwarzen Tonpapierstreifen und Leim.
- Dann werden die zwei Ecken einer kürzeren Seite des Blattes gleichmäßig abgerundet, sodass die typische Wappenform entsteht.
- Nun malen die Kinder die entstandenen Flächen mit ihren gewählten Farben aus.
- Während die Grundfarben trocknen, schaffen Sie einen Erzählanlass für die Kinder. Mit welchen Motiven wollen sie ihr Wappen gestalten und warum?
- Ist die Farbe getrocknet, malen die Kinder ihre gewählten Motive auf die einzelnen Flächen.

Tipp

Die entstandenen Wappen sollten einen dekorativen Platz in der Kita bzw. im Gruppenraum bekommen.

Variation für Könner

Mit älteren Kindern können Sie aus dem Wappen ein ganzes **Ritterschild** anfertigen. Für ein Schild benötigen Sie zusätzlich starken Karton, Leim, Schere, Gummiband und ein Teppichmesser. Erklären Sie den Kindern den sicheren Umgang mit dem Teppichmesser und geben Sie notfalls Hilfestellung.

Knifflige Ritter-Rätsel

Er ist groß und mächtig,
sein Schwanz ist lang und prächtig.
Feuer spuckt er aus dem Rachen.
Dieses Ungetüm heißt …
(Drachen)

Jeder Ritter seiner Zeit
war zum Kämpfen stets bereit.
Doch was zog der Rittersmann
vor jedem großen Kampfe an?
(Rüstung)

Eines Ritters ganzer Stolz
steht in einem Stall aus Holz.
Zieht der Ritter in die Schlacht,
wird's zum Reiten schic gemacht.
(Pferd)

Wie heißt der Kampf der
Rittersleute,
umringt von einer ganzen Meute?
Die Ritter in den Wettbewerben
zeigten Geschick und ihre Stärken.
Die Burgfräulein auf den Tribünen,
lächelten und winkten ihnen.
(Turnier)

Von Mauern rings umgeben
die Ritter in ihr leben.
Auf den Türmen wehen Fahnen,
mit den Wappen ihrer Ahnen.
(Burg)

Ein Ritter, der hat viele Waffen,
doch nur mit einer kann er's
schaffen,
seinen Feind vom Pferd zu stoßen.
Sie ist eine von den großen.
(Lanze)

Jeder Ritter hatte einen,
immer Jungen, will ich meinen.
Er pflegte die Pferde und putzte
die Waffen
und wollte es auch zum Rittersmann schaffen.
(Knappe)

Im Winter war es eisig kalt
auf einer Burg im tiefen Wald.
Eine Heizung gab es nicht,
auch noch keinen Strom und Licht.
Die Magd muss anders Wärme
schaffen.
Dazu muss sie was entfachen?
(Kamin, Feuer)

Gut zu wissen

- Diese Rätsel und deren Antworten enthalten themenbezogene Wörter, die nicht zum Grundwortschatz der Kinder gehören. Deshalb ist es empfehlenswert, die Rätsel erst zu stellen, nachdem sich die Kinder in anderen Sprachangeboten bereits mit dem Thema „Ritter" ausführlich beschäftigt haben.

Das fördern Sie

- Die Ritter-Rätsel fördern neben der Fantasie und Konzentration insbesondere auch das Wortverstehen der Kinder sowie das Wissen und Denken in thematischen Zusammenhängen. Durch szenisches und betontes Vorlesen der Rätsel, fördern Sie außerdem das Gefühl für Sprachrhythmus und die Sprachmelodie.

Ritter Rübe, wo haust der Drache?

Gut zu wissen

- Für dieses Spiel brauchen Sie ausreichend Platz, am besten eignet sich dafür ein Bewegungsraum oder eine Fläche im Freien.

So geht es

- Die Kinder stehen in einer Linie nebeneinander.
- Sie sind **Ritter Rübe** und stehen den Kindern ca. 10 m gegenüber an der Ziellinie.
- Die Kinder rufen im Chor: **„Ritter Rübe,** wo haust der **Drache?"**
- Sie überlegen sich einen **Ort** und nennen den Namen, z. B. *Tannenwald.*
- Die Kinder **sprechen** das Wort laut nach und **klatschen** es dabei in Silben.
- Jedes Kind macht so viele, möglichst große **Schritte**, wie das Wort **Silben** hat, z. B. *Tan-nen-wald* = 3 Schritte.
- Die Kinder fragen wieder: **„Ritter Rübe …".**
- Sie denken sich einen anderen Ort aus.
- **Sieger** des Spiels ist, wer als Erster bei Ritter Rübe ankommt.

Das fördern Sie

- Durch die Kombination von Sprache und Bewegung trainieren sie gezielt das Wortverstehen und die Erweiterung des Wortschatzes der Kinder. Durch die bewusste Trennung der Wörter in Silben und die passende Bewegung dazu, festigen Sie das phonologische Bewusstsein und die Artikulation ganz nebenbei. Hörsinn und grobmotorische Fähigkeiten werden zusätzlich gefördert.

Hier könnte der Drache wohnen

Schloss	Zau-ber-wald	Sumpf
Höh-le	Vul-kan-kra-ter	Ber-ge
Ge-bir-ge	Tal	Ru-i-ne
Fel-sen-grot-te	Baum-haus	Fins-ter-hau-sen
Burg	Fels-spal-te	Schwarz-wald
Wie-se	Dra-chen-lan-de	Stein-berg

Tipp

Sie können das Bewegungsspiel noch witziger machen, wenn Sie völlig unrealistische Orte auswählen, z. B. *Kühlschrank, Kloschüssel, Kinderzimmer …*

Variante

Um Abwechslung in das Spiel zu bringen, ändern Sie bei den nächsten Spielrunden einfach die **Fortbewegungsart.** Die Kinder können an Stelle von Schritten bei jeder Silbe z. B. entweder *aus dem Stand springen, Rückwärtsschritte machen* oder *kleine Tip-Top-Schritte machen* (eine Ferse, angesetzt an die Zehenspitzen des anderen Fußes). Das bringt neuen Schwung in dieses Spiel, auch wenn Sie es schon oft gespielt haben. Besonders ungewöhnliche Fortbewegungsarten sorgen zusätzlich für gute Laune in Ihrer Gruppe.

Wirbel auf Burg Schönsteina

So geht es

- Die Kinder suchen sich einen Partner und spielen die Geschichte paarweise, indem sie sich gegenseitig, passend zum Inhalt der Geschichte, massieren. Dazu tauschen sie entweder in der Mitte der Geschichte die Rollen, oder Sie lesen die Geschichte 2-mal vor, sodass jeder einmal massiert werden kann.

Tipp

Spielen Sie am besten selbst mit und massieren auch ein Kind. So können die anderen Masseure bei Ihnen sehen, welche Bewegungen sie auf dem Rücken ihrer Partner ausführen müssen.

Das fördern Sie

- Die Kinder erfahren hier die Wortbedeutung mit dem ganzen Körper und genießen die Ruhe und die sanften Berührungen. Das fördert zum einen die taktile Wahrnehmung, und zum anderen hilft es den Kindern, die Wörter in ihrem passiven Wortschatz zu verankern. Außerdem fördern Sie durch dieses Paarspiel den Zusammenhalt und das Selbstvertrauen der Kinder, da sie sich darauf einlassen müssen, von anderen berührt zu werden und selbst andere Kinder zu berühren.

„An die Arbeit!", rief der König über den ***Burghof.*** *Die Mägde und Knechte liefen eilig davon. Es gab viel zu tun auf Burg Schönsteina, denn es wurden viele Gäste erwartet. Der* ***König*** *hatte die Ritter seines Landes zu einer* ***Tafelrunde*** *geladen. Die Wachen liefen auf der* ***Burgmauer*** *hin und her und hielten Ausschau nach den Besuchern. (Mit Mittel- und Zeigefinger einer Hand hin und her über den Rücken laufen.)*

Die ***Stallknechte*** *kehrten die Ställe aus, für die edlen Pferde der Ritter. (Mit einer Handfläche mit kurzen Bewegungen mehrmals über den Rücken wischen.)*

Die ***Mägde*** *putzten und polierten die Gemächer der Gäste. Alles musste sauber sein. (Mit einer Hand über den Rücken reiben.)*

Doch die meiste Arbeit gab es in der Küche. Der ***Teig*** *für Brote musste geknetet werden. (Mit beiden Händen den Rücken durchkneten.)*

Die ***Hühner*** *und* ***Gänse*** *mussten gerupft werden. (Mit Daumen und Zeigefinger mehrmals leicht an der Haut zupfen.)*

Die ***Suppen*** *mussten gekocht und gerührt werden. (Mit einer Faust im Kreis über den Rücken fahren.)*

Die ***Schnitzel*** *mussten geklopft und gebraten werden. (Mit beiden Fäusten leicht über den Rücken klopfen.)*

Und Schinken und Wurst mussten in fette ***Scheiben*** *geschnitten werden. (Mit dem Zeigefinger kurze Striche auf den Rücken malen.)*

Gegen Mittag erklangen die ***Fanfaren*** *von den Wachtürmen und kündigten die ersten Ritter an. Die Wachen zogen das* ***Fallgitter*** *hoch, und die Gäste ritten mit lautem Hufgetrappel auf den gepflasterten Burghof. (Mit allen Fingerspitzen über den Rücken tippeln.)*

Der König erschien, und die Ritter zogen ihre ***Schwerter*** *und riefen im Chor: „Hoch lebe der König!"*

Essen an der Rittertafel

Verwöhnen Sie die Sinne der Kinder, indem Sie aus einem ganz normalen Mittagessen ein Mahl an der Rittertafel machen.

Eine kleine Erzählung zur Einstimmung

Wusstet Ihr eigentlich, dass man zu ***Ritterzeiten*** *ohne Besteck aß? Lediglich ein* ***Löffel*** *für die Suppen und ein scharfes* ***Messer*** *zum Abschneiden von Braten wurden gereicht. Das* ***Mahl*** *zog sich lang hin und wurde von den Tischgesprächen der Gäste begleitet.* ***Musikanten*** *oder* ***Gaukler*** *spielten und sangen dazu im Hintergrund und sorgten für eine unbeschwerte Stimmung.*

Das brauchen Sie

- Mittagessen für jedes Kind in mehreren großen Schüsseln; einen Teller für jedes Kind (ideal wären Holz- oder Metallteller); Teelichter (oder eine elektronische Lichterkette, damit nichts passieren kann); eine CD mit mittelalterlicher Musik; mehrere Kannen mit Getränken; einen Becher für jedes Kind; Servietten (wenn vorhanden, aus Stoff)

Bevor getafelt wird

- Alle Kinder waschen sich gründlich die Hände.
- Stellen Sie Tische und Stühle zu einer langen Tafel zusammen.
- Teilen Sie die Teller und Servietten aus.
- Dunkeln Sie den Raum ab, und entzünden Sie die Teelichter.
- Starten Sie die CD mit der mittelalterlichen Musik.
- Verteilen Sie die Kannen und Schüsseln mit den verschiedenen Gerichten auf der Tafel.

Das fördern Sie

- Diese gemeinsame Aktion bietet viele Gesprächsanlässe, bei denen die Kinder ihren Wortschatz aktiv erweitern können.

Tafeln wie zu Ritterzeiten – So geht es

Lassen Sie die Kinder zunächst ihre Becher füllen. Dann erheben sich alle Kinder von ihren Plätzen, heben ihren Becher hoch, und Sie sprechen einen **Tischspruch:**

„Lasst uns uns're Becher **heben**

und trinken auf ein langes **Leben.**

Guten Wein und gute **Speisen**

wollen wir gemeinsam **preisen.**

Prost!"

Danach können sich die Kinder mit den Händen aus den Schüsseln bedienen und ihr Rittermahl verzehren. Sorgen Sie während des Essens für **Tischgespräche**, indem Sie z. B. die Kinder das Essen umbenennen lassen. Oder fragen Sie in die Runde: „Was lag bei den Rittern auf den Tellern?" Fordern Sie jeden Ritter und jedes Burgfräulein auf, sich mit seinem/ihrem Namen vorzustellen und zu sagen, woher er/sie kommt. Das macht die Runde geselliger, und die Kinder können sich so noch besser in die Ritterzeit hineinversetzen.

In der Prärie bei den Indianern

Die Indianer stehen für fremde Kulturen und Traditionen, für vergangene Zeiten, für naturnahes Leben und für Abenteuer. All diese Dinge interessieren Kinder. Sie wollen wissen, wie andere Menschen an anderen Orten zu anderen Zeiten lebten. Sind die Kinder erst einmal mit der Welt der Indianer in Berührung gekommen, begleitet sie diese Faszination über viele Jahre, manche Kinder sogar bis ins Erwachsenenalter. In diesem Kapitel können die Kinder mit viel Spaß selbst kleine Indianer werden, sie lernen das Leben der Indianer besser kennen und können ihr Wissen und ihren Wortschatz zu diesem Thema erweitern.

In einer offenen **Geschichte** von einem kleinen Indianerjungen haben die Kinder die Möglichkeit, einmal selbst den Ausgang der Geschichte zu bestimmen und zu erzählen.

In einer drolligen **Reimgeschichte** lernen die Kinder drei prahlende Indianer kennen, denen ihre Angeberei am Ende nichts einbringt.

Ein lustiges **Indianerlied** können die Kinder nicht nur singen, sondern auch reitend begleiten.

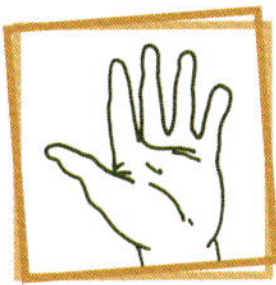

Bei einem munteren **Fingerspiel** verbessern die Kinder ihre feinmotorischen Fähigkeiten, indem sie den Unfug des Indianers Donnerblitz mit ihren Händen spielen.

Bei einem lebhaften **Kreisspiel** können sich die Kinder einen witzigen Indianernamen aussuchen und im Spiel ihre Plätze tauschen.

Eine Seite mit kniffligen **Rätseln** motiviert die Kinder zum Nachdenken und erweitert deren Wortschatz zum Thema Indianer.

In einer spannenden **Bewegungsgeschichte** werden die Kinder selbst zu Indianern und erleben ein Indianerfest mit einem Tanz um das Lagerfeuer und Indianerprüfungen.

Bei einer **Fantasiereise** mit Roter Blume und Weißer Feder können die Kinder entspannen und ihre Fantasie reisen lassen.

Bei einer **Spurensuche,** werden die **Sinne** der Kinder geschult, indem sie selbst Spuren anlegen und sich im Spurenlesen üben.

Viele aufregende Abendteuer in der Prärie mit den Indianern!

Indianer Kleiner Bär

Erzähl-Tipp

Diese Geschichte hat kein Ende. Lesen Sie die letzten Zeilen besonders spannend vor, um die Kinder zu motivieren, sich selbst den Ausgang der Geschichte auszudenken und zu erzählen. Lassen Sie mehrere Kinder die Geschichte beenden.

Das fördern Sie

- Mit dieser Geschichte erweitern die Kinder ihren Wortschatz zum Thema „Indianer": Sie verinnerlichen zentrale Begriffe, wie *Tipi, Prärie, Galopp* und viele weitere Wörter. Insbesondere das anschließende Weitererzählen der Geschichte regt die Fantasie der Kinder an und fördert den aktiven Wortschatz, indem weitere Begriffe zum Thema angestoßen werden: *Mut, Stolz, Freude …*

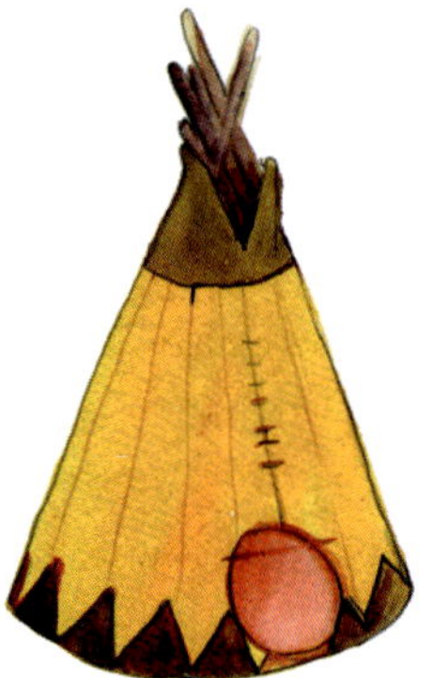

*K**leiner Bär** hatte sich hinter dem allerletzten **Tipi** versteckt und wartete. Er lauschte auf das Hufgetrappel der **Pferde**. Es wurde leiser und leiser. Endlich waren sie weg, die großen Pferde, vor denen Kleiner Bär so viel Angst hatte. Alle **Indianerjungen** seines Alters konnten schon reiten. Manche hatten sogar schon ihr eigenes Pferd. Nur Kleiner Bär traute sich nicht. Er war viel lieber bei den wilden **Hunden** und tollte mit ihnen umher. Die Pferde waren so groß und so stark, und manchmal sprangen sie übermütig herum und schlugen mit ihren Beinen aus. Kleiner Bär bewunderte die anderen Indianer, die sich geschickt auf den Rücken der Pferde schwangen und im wilden **Galopp** durch die **Prärie** ritten. Doch Kleiner Bär hatte **Angst;** Angst, von dem Pferd abgeworfen zu werden; Angst, herunterzufallen; Angst, von den großen, gelben Zähnen gebissen zu werden; Angst, von den starken Hufen getreten zu werden. Die anderen Kinder nannten ihn deshalb heimlich **Pferde-Angst-Bär** und machten sich über ihn lustig, wenn er nicht da war. Kleiner Bär wusste genau, dass sie über ihn lachten, und grämte sich. Kleiner Bär stöhnte. Die Kinder waren wieder mal ohne ihn zum **See** geritten, und er wäre doch so gern mit baden gegangen. Der Indianerjunge war ganz in Gedanken versunken, sodass er gar nicht merkte, wie sich sein **Vater** heimlich von hinten an ihn heranschlich. Er packte seinen Sohn, warf ihn sich über die Schulter und lachte: „Komm, mein Kleiner Starker Bär. Ich habe eine **Überraschung** für dich." Kleiner Bär jauchzte, zappelte und trommelte vor Vergnügen mit den Fäusten auf den Rücken seines Vaters. Und plötzlich – zack – wurde er wieder in die Höhe gehoben und landete auf dem **Rücken** eines **kleinen, braunen Pferdes.** Kleiner Bär saß wie erstarrt. Er hatte Angst, große Angst, und tausend Gedanken schossen ihm durch den Kopf. Doch dann passierte etwas **Unglaubliches …***

Idee zum Mitmachen und Weitermachen

Wie wäre es, wenn Sie die Geschichte mit den Kindern **nachspielen?** Wählen Sie Kinder aus, oder losen Sie, wer in die Rollen von Kleiner Bär, den Indianerjungen, wilden Hunden und Pferden, Vater-Bär sowie des kleinen, braunen Pferdes hineinschlüpfen darf. Überlegen Sie mit den Kindern, wie sie sich in den jeweiligen Rollen am besten verhalten und wie sie ihre Rolle darstellen könnten. Stellen Sie **Requisiten** mit den Kindern her, damit die Geschichte noch lebendiger gespielt werden kann. Machen Sie aus ihrem Gruppenraum z. B. eine kleine *Prärielandschaft* mit Hilfe von großen Leinentüchern, die sie gelb anmalen, und denken Sie sich mit den Kindern weitere Gestaltungselemente aus, mit denen sie Indianer Kleiner Bär zum Leben erwecken.

Die prahlenden Indianer

Drei Indianer gaben **an,**
was ein jeder ganz toll **kann.**
Der erste wollte Hasen **fangen,**
ist in einen Wald **gegangen.**
Doch er war so **ungeschickt,**
brach sich leider das **Genick.**
Der zweite lobte seine **Kraft**
und prahlte, was er alles **schafft.**
Einen Büffel wollt' er **heben,**
über seinem Kopfe **schweben.**
Kaum hatte er ihn hoch**gehoben,**
kam das Unglück schon von **oben.**
Seine Kraft, die reichte **nicht,**
viel zu schwer war das **Gewicht.**
Und mit einem lautem **Klatsch,**
war der Indianer **Matsch.**
Der dritte wollte ganz weit
springen
und tönte: „Das wird mir **gelingen.**"
Über einen tiefen **Graben**
wollte einen Sprung er **wagen.**
Er nahm Anlauf und sprang **ab,**
doch der Sprung, der war zu **knapp.**
Da plumpste das **Indianerlein**
in den tiefen Graben **rein.**
So war es um die drei **geschehen,**
nie wieder wurden sie **gesehen.**
Drum denkt für alle Zeiten **dran,**
was man sagt und was man **kann.**
Ob alt, ob jung, ob groß, ob **klein,**
Prahlerei bringt meist nichts **ein.**

Ideen zum Mitmachen und Mitsprechen

Wenn die Kinder den Text schon ganz gut kennen, sprechen Sie die Reimgeschichte gemeinsam im **Dialog.** Fordern Sie die Kinder auf, das jeweilige Reimwort laut **mitzusprechen** oder das passende **Reimwort zu ergänzen.** Da dies insbesondere für jüngere Kinder sehr schwierig ist, sprechen Sie, als kleine Hilfestellung, die ersten Buchstaben des Reimwortes vor und lassen die Kinder dann das Wort selbst vervollständigen. Das macht nicht nur Spaß und verbessert die Artikulation, sondern fördert gleichzeitig auch den aktiven Wortschatz und die phonologische Bewusstheit. Die Kinder entwickeln durch das betonte Sprechen ein Gefühl für den Sprachrhythmus und die Sprachmelodie.

Sie können beim Vortragen der Reimgeschichte auch bewusst **mit Stimmungen spielen:** Sprechen Sie den Text z. B. einmal ganz *geheimnisvoll* oder ein anderes Mal *überglücklich* und ganz *beschwingt,* oder *selbstverliebt, eitel und angeberisch…* Damit verleihen Sie der Geschichte immer wieder neue Wirkungen und machen sie somit den Kindern auch bei mehrmaligen Wiederholungen aufs Neue interessant. Für die Kinder ist das eine zusätzliche Herausforderung, denn sie sollen die jeweiligen Stimmen erkennen und anschließend selbst sprechen.

Hüh, hüh, hüh

Melodie: traditionell „Hopp, hopp, hopp, Pferdchen, lauf Galopp" **Text:** Ute Schröder

1.
Hüh, hüh, hüh,
Indianer rasten nie,
fangen mit dem Lasso Pferde,
aus der wilden Mustangherde.
Refrain:
Hüh, hüh, hüh,
Indianer rasten nie.

2.
Hüh, hüh, hüh,
nun geht's durch die Prärie,
reiten über weite Wiesen,
wollen große Büffel schießen.
Refrain:
Hüh, hüh, hüh,
nun geht's durch die Prärie.

Ideen zum Mitmachen und Mitsingen

Das Lied eignet sich hervorragend zum aktiven Mitmachen und lauten Mitsingen oder zur musikalischen Begleitung.

Lassen Sie die Kinder das Lied z. B. mit *Kastagnetten* oder anderen *Orff-Instrumenten* **begleiten.** Das schult das genaue Zuhören und fördert das Taktempfinden. In Kombination mit dem gesprochenen oder gesungenen Text bekommen die Kinder auf diese Weise spielerisch ein Gefühl für Sprachrhythmus und Sprachmelodie. Neue Wörter lassen sich einfacher merken und erweitern so unkompliziert den aktiven Wortschatz der Kinder.

Genauso gut können Sie die Kinder zu zum Liedtext **passenden Bewegungen** ermuntern. Besprechen Sie mit ihnen, wie sich z. B. *Pferde fortbewegen* oder *große Büffel* aussehen und sich *galoppierenden Indianergruppen* in den Weg stellen. Machen Sie kleineren Kindern einen Nachstellschritt vor, damit sie sich wie Pferde galoppierend durch den Raum bewegen können.

Indianer Donnerblitz

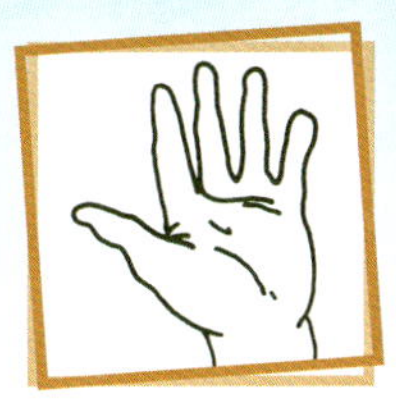

Verse sprechen …	Finger spielen …
Der Indianer **Donnerblitz** war zwar klein, doch sehr **gewitzt.**	*Einen Zeigefinger bedeutsam hochhalten.*
Er saß in einer **Pfütze** und patschte, dass es **spritzte.**	*Die flachen Hände mehrfach auf den Tisch oder Boden schlagen.*
Dann rieselte er Erde **rein** und rührte eine Matsche **ein.**	*Die Hände erheben und mit den Fingerspitzen die Erde rieseln lassen. Die flachen Hände auf dem Tisch oder Boden im Kreis bewegen.*
Danach hob er die Matsche **auf** und machte eine Kugel **draus.**	*Die Matsche hochheben und so tun, als ob man eine Kugel formt.*
Und die Matschekugel **zischt,** dem … mitten ins **Gesicht.**	*Mit dem Arm weit ausholen, und die Matschekugel werfen.*

Das fördern Sie

- Das Spiel fördert die Feinmotorik der Kinder und gleichzeitig ihren passiven Wortschatz. Durch die Kombination von gesprochenen Versen und passenden Bewegungen prägen sich die Wortbedeutungen viel leichter ein. Wenn Sie das Fingerspiel öfters spielen, fördern Sie die Merkfähigkeit der Kinder heraus, sodass die Kinder den Text schließlich mitsprechen können. Dabei bekommen sie nicht nur ein Gefühl für den Sprachrhythmus, sondern das szenische, betonte Sprechen hilft ihnen zusätzlich, die Sprachmelodie zu verinnerlichen.

Tipp

Setzen Sie am Ende des Fingerspiels den Namen eines anwesenden Kindes ein, und werfen Sie einen *Tischtennisball* oder einen *Hacky Sack* o. Ä. dem Kind zu.

Ideen zum Mitmachen

Fingerspiele eignen sich besonders gut, sie zwischendurch als kleine Aufmunterer in den Kita-Alltag einzubauen. Dieses Spiel kann z. B. hervorragend bei einem Waldspaziergang oder bei einem Aufenthalt im Außengelände der Kita (mit echter Matsche) gespielt werden. Wenn die Kinder das Fingerspiel schon öfters gesehen und den Text gehört haben und mitsprechen können, dann fordern Sie sie doch mal auf, das ganze Spiel allein umzusetzen. Bevor sie beginnen, sollen die Kinder sich überlegen, wie sie ihre „Hauptdarsteller" am besten gestalten. Dafür können sie ihre Finger z. B. mit Farbe passend bemalen. Dann kann die Vorführung beginnen … geben Sie den Sprechimpuls und helfen, wenn der Text doch an der ein oder anderen Stelle vergessen wird.

Mein rechter, rechter Platz ist leer

Das brauchen Sie

- so viele Stühle, wie es Mitspieler gibt; etwas Platz mit genügend Ausweichmöglichkeit, da es durchaus turbulent zugehen kann

Gut zu wissen

- Dieses Kreisspiel können Sie im Stuhlkreis oder am Boden sitzend spielen. Durch die fortwährende Wiederholung der Indianernamen der Mitspieler, eignet es sich gut, um einander kennenzulernen. Außerdem werden mit diesem Spiel zusätzlich die soziale Kompetenz und die Koordination gefördert.

Tipp

Achten Sie darauf, dass während des Spiels alle Kinder ihren Platz wechseln und nicht immer die gleichen Kinder gewählt werden, denn sie bevorzugen erfahrungsgemäß die lustigsten Namen oder ihre besten Freunde.

So geht es

Alle Kinder sitzen im Stuhlkreis, ein Stuhl bleibt frei.
Jedes Kind denkt sich einen **Indianernamen** aus, der aus zwei Wörtern (Adjektiv und Substantiv) bestehen sollte. Das kann ein typischer Indianername, wie z. B. *„Stolzer Adler"* oder *„Weiße Blume"*, sein oder aber ein erdachter Quatschname, wie z. B. *„Stinkende Socke"* oder *„Quietschender Hamster"*.

Nun nennt jedes Kind der Reihe nach seinen Indianernamen. Damit sich die Kinder die Namen der anderen einprägen können, nennen sie diesen in drei Runden.

Runde 1: Jeder sagt seinen Namen in normaler Lautstärke.

Runde 2: Jeder flüstert seinen Namen.

Runde 3: Jeder ruft seinen Namen so laut, er kann.

Dann beginnt das Kind, neben dem der rechte Stuhl frei ist, mit den Worten: „Mein rechter, rechter Platz ist leer, ich wünsche mir … her". Das Kind schlägt dabei mit der flachen Hand auf die freie Sitzfläche und setzt den Indianernamen des Kindes ein, welches es zu sich wünscht.

Das gewünschte Kind wechselt den Platz.

Nun ist das Kind an der Reihe, neben dem der rechte Platz freigeworden ist.

Ideen zum Weitermachen

Wenn sowohl das Kind links als auch das Kind rechts von dem leeren Stuhl den Vers aufsagt, wird dieses Spiel zum Wettspiel. Es werden dann zwei Namen ausgerufen. Welches Kind ist schneller?

Variation für Könner

Das Spiel kann variiert werden, indem sich die Kinder lustige Bewegungsformen überlegen, die mit dem Platzwechsel verbunden sind. Das Kind, das den Platz wechselt, muss dabei z. B. krabbeln oder auf einem Bein hüpfen.

Die Art der Fortbewegung kann natürlich auch über Tiercharaktere bestimmt werden, wenn der neue Sitznachbar als Präriepferd oder als Adler den Platz wechseln muss.

Knifflige Indianer-Rätsel

Rätsel-Tipp

Anschaulicher werden die Rätsel, wenn Sie sie stimmungsvoll und ganz betont lesen.
Sprechen Sie mit den Kindern über noch nicht bekannte Wörter, wie z. B. *Tabak, Prärie, Poststation etc.*

Das fördern Sie

- Das Indianer-Rätsel fördert neben der Fantasie und Konzentration insbesondere auch das Wortverstehen und den aktiven Wortschatz der Kinder sowie das Wissen und Denken in thematischen Zusammenhängen.

Er ist mutig, klug und weise.
Wenn er spricht, sind alle leise.
Er führt sein Volk durch die Prärie,
vergisst die Traditionen nie.
(Häuptling)

Wenn Indianer sich beraten
und die großen Geister fragen,
brennen sie den Tabak an,
und ein jeder zieht daran.
(Friedenspfeife)

Indianer haben einen Brauch,
der Freundschaft widerspiegelt.
Ein Messer braucht man dazu auch,
mit Blut wird er besiegelt.
(Blutsbruderschaft)

In jedem Indianerstamm
gibt es einen klugen Mann,
der kennt alle Arten Pflanzen,
kann die Geister herbeitanzen.
(Medizinmann)

Wenn Indianer Nachricht geben,
sieht man sie am Himmel
schweben.
Denn es gab kein Telefon
und auch keine Poststation.
(Rauchzeichen)

Sie stampfen über weite Erde,
leben meist in einer Herde.
Ihr Fell ist braun und weich.
Wie heißt das Tier doch gleich?
(Büffel)

Wer kann es mir sagen,
was Indianer tragen?
Auf dem Kopf sitzt dieser Schmuck.
Den schönsten hat der Häuptling
Tuck.
(Federhaube)

Wer weiß es genau?
Wie nennt man die Frau
im Indianerland?
Wem ist das bekannt?
(Squaw)

Jedes Kind auf dieser Welt
kennt dieses Indianerzelt.
Aus Büffelhaut wird es gemacht
und die Nacht darin verbracht.
(Tipi)

Will der Indianer mit ihm schießen,
muss er ihn erst kräftig biegen.
Pfeile braucht er auch zum Jagen,
muss ihn auf dem Rücken tragen.
(Bogen)

Ich bin gemacht aus Leder,
zum Laufen braucht mich jeder.
Doch ich heiß' nicht einfach
„Schuh".
Errätst meinen Namen du?
(Mokassins)

Wenn Indianer fischen gehen,
kann man sie in Booten sehen.
Sind aus einem Stamm gemacht
und mit Malerei bedacht.
(Kanu)

Wisst ihr, wie das Haus sich nennt,
das nur ein Indianer kennt?
Aus Ästen und aus Birkenrinde,
der Indianer baut's geschwinde.
(Wigwam)

Indianer ziehen in den Krieg,
kämpfen für des Stammes Sieg.
Könnt ihr mir den Namen sagen
von dem Beil, das sie dann tragen.
(Kriegsbeil oder Tomahawk)

Indianer Schneller Pfeil und sein Fest

Gut zu wissen

- Für diese Geschichte brauchen Sie Platz, und es sollte auch ruhig mal etwas lauter werden dürfen.

Erzähl-Tipp

An den mit ---- markierten Stellen müssen Sie eine Pause machen, um den Kindern die Bewegungsumsetzung zu ermöglichen. Ein symbolisches Lagerfeuer in der Mitte des Raumes kann als Orientierungspunkt dienen.

Das fördern Sie

- Durch die Kombination von Bewegung und Sprache trainieren Sie gezielt das Wortverstehen, indem die Kinder die Wortbedeutungen aus dem Geschichtenzusammenhang erfassen und in passende Bewegungen umsetzen müssen. Das festigt die Wortbedeutung im passiven Wortschatz und macht außerdem noch sehr viel Spaß.

Heute war ein besonderer Tag im ***Zeltlager*** *der Apachen. Der Indianerjunge* ***Schneller Pfeil*** *war sehr aufgeregt. Ihm zu Ehren wurde ein großes Fest gegeben. Alle Indianer hatten sich um das* ***Lagerfeuer*** *versammelt und fassten sich in einem großen Kreis an den Händen. ---- Dann hoben sie gemeinsam die Hände nach oben zu den guten Geistern, sahen in den Himmel ---- und der* ***Medizinmann*** *sprach die Begrüßungsworte. Danach begann der* ***Tanz.*** *Alle Indianer drehten sich in eine Richtung und liefen langsam im Kreis um das Feuer. ---- Nun fingen sie an, bei jedem Schritt zu stampfen, immer im gleichen Rhythmus. ---- Sie beugten ihre Oberkörper nach vorn und stampften breitbeinig um das Lagerfeuer. ---- Bei jedem Schritt riefen sie im* ***Chor:*** *„Hu, hu, hu…" Plötzlich rief der Medizinmann: „Tokatumba!" Die Indianer wechselten die Richtung. ---- Nun stampften sie andersrum um das Feuer. Dabei wedelten sie mit den Armen, als wenn sie fliegen wollten. ---- „Takatambo!", hörten die Indianer ihren Medizinmann und rissen die Arme hoch. Jetzt hüpften die Indianer um das Feuer. ---- Mal auf einem Bein, ---- mal auf zwei Beinen, ---- mal vorwärts, ---- mal rückwärts, jeder wie er wollte. ---- Als der Medizinmann „Tukotambu" sang, ließen sich die Indianer mit gekreuzten Beinen, um das Lagerfeuer nieder. ---- Sie legten ihre Hände auf ihre Knie ---- und sprachen gemeinsam ihre Wünsche an die guten Geister für ihren Schnellen Pfeil. Dabei schaukelten sie mit ihren schwarz bemalten Oberkörpern vor und zurück. ---- Nun war Schneller Pfeil kein Junge mehr, sondern ein Mann, ein* ***Krieger*** *und* ***Jäger*** *wie sein Vater. Er musste beweisen, was für ein kräftiger und geschickter Mann er war, und erhob sich vom Lagerfeuer und streckte sich zu seiner vollen Größe. ---- Er war bereit für die Prüfungen. Zuerst musste er einen* ***Lederbeutel,*** *der mit schweren Steinen gefüllt war, in ein Ziel schleudern. Schneller Pfeil ergriff den Beutel mit beiden Händen und ließ ihn vor seinen Beinen hin und her schaukeln, um sein Gewicht zu prüfen. ---- Dann nahm er den Lederbeutel in eine Hand und ließ ihn mit seinem ausgestreckten Arm über seinen Kopf kreisen ---- Plötzlich ließ er los, und der Lederbeutel landete genau in dem* ***Steinkreis.*** *Danach griff er zu Pfeil und Bogen, stellte sich in Position ---- und legte den Pfeil an. Er kniff ein Auge zu, spannte die Sehne des Bogens ---- und der Pfeil zischte genau in die Mitte der* ***Baumscheibe.*** *Doch nun musste er seinen Mut beweisen. Schneller Pfeil sollte über die flackernden Flammen des Lagerfeuers springen. Er ging ein paar Schritte zurück, ---- schüttelte vor Aufregung noch einmal die Arme und Beine aus, ---- dann stand er ganz still, schloss die Augen und konzentrierte sich. ---- Wenn er nicht weit genug springen würde, würde er mitten im Feuer landen. Dann rannte er los, sprang kurz vor dem Feuer ab und machte einen gewaltigen Satz darüber. ---- Schneller Pfeil hatte es geschafft. Die* ***Indianer jubelten*** *ihm zu. Er hatte alle Prüfungen bestanden, und morgen würde er mit auf die* ***Jagd*** *gehen. Er tanzte vergnügt um das Lagerfeuer. ----*

Rote Blume und Weiße Feder

Das fördern Sie

- Mit dieser Geschichte fördern Sie die Konzentrationsfähigkeit der Kinder und vermitteln durch das betonte Sprechen und eine stimmungsvolle, ruhige Atmosphäre ein Gefühl für Sprachmelodie und Sprachrhythmus. Das hilft den Kindern die neuen Wörter in ihrem passiven Wortschatz zu verankern und regt zusätzlich ihre Fantasie an.

Erzähl-Tipp

Wenn Sie die Kinder auf eine Fantasiereise mitnehmen möchten, sorgen Sie für eine angemessene Stimmung. Sie sollten selbst Ruhe ausstrahlen, ihre Stimme gedämpft einsetzen und Sprechpausen machen, damit die Kinder ihre Fantasie entfalten können.

Das Indianermädchen ***Rote Blume*** *saß vor dem* ***Tipi*** *seiner Familie und zog immer wieder ein dünnes* ***Lederband*** *durch die Finger. Dabei betrachtete es all die Gegenstände, die es gesammelt hatte und nun vor seinen Füßen lagen. Rote Blume wollte für ihren besten Freund,* ***Weiße Feder****, eine schöne Halskette knoten. Darüber würde er sich bestimmt freuen, wenn er von seiner ersten Jagd mit den Männern des* ***Stammes*** *zurückkommen würde. Doch Rote Blume konnte sich nicht entscheiden. Zu viele* ***interessante Dinge*** *lagen da, kleine Knochen, spitze Zähne, getrocknete Blumen, Steine mit Löchern, geschnitzte Holzperlen und eine wunderschöne, daumengroße, weiße Feder. Die wollte das Indianermädchen unbedingt an die Kette machen, denn das war ja schließlich der Name ihres Freundes. Sie schob die Gegenstände hin und her. Was sollte sie zuerst nehmen?*

Plötzlich schlich sich ein warmer ***Windhauch*** *von hinten heran und hob die Feder empor. Erschrocken schaute Rote Blume ihr nach. Zu spät. Schon flog das weiße Ding über das Tipi und war unerreichbar für das Indianermädchen. Die Feder schaukelte über dem Zelt hin und her, als ob sie sich für keine* ***Richtung*** *entscheiden könne. Doch der unsichtbare freche Wind kannte seinen Weg. Er nahm sie mit in die* ***weite Steppe,*** *dahin, wo die* ***Büffelherden*** *grasten. Langsam und elegant schwebte das zarte Gebilde über Gräser, blühende Blumen, Büsche und über einen kleinen Bach, der sich glitzernd durch das* ***Grasland*** *schlängelte.*

Der Wind hatte seinen Spaß und wollte die kleine Feder necken. Er schubste sie, sodass sie sich drehte und herumwirbelte und immer höher und höher stieg, bis fast an die Wolken. Dann endlich hatte der Wind genug und ließ ab von der fliegenden Feder. Die musste sich von dem ***Schreck*** *und dem* ***wilden Flug*** *erholen und schaukelte ganz sanft hinunter zur* ***Erde****. Sie schwebte und schwebte, vorbei an einem* ***Schwarm*** *gackernder Gänse, vorbei an einer dicken Hummel, die sich brummend nach dem sonderbaren Flugding umsah, und vorbei an zwei Schmetterlingen, die fröhlich einen* ***Hochzeitstanz*** *in der Luft vollführten. Fast wäre die Feder auf dem grünen Gras gelandet, als sich eine Hand dazwischenschob. Behutsam nahm der Indianerjunge die kleine, weiße Feder am Schaft zwischen Daumen und Zeigefinger und besah sie sich genauer. Er pustete an die feinen* ***Federästchen,*** *deren Härchen sich zitternd bewegten, und lächelte. „Hübsch", dachte der Junge und klemmte sich die Feder hinter sein* ***Stirnband.*** *„Die nehme ich für Rote Blume mit. Darüber wird sie sich freuen." Dann schnalzte der Indianerjunge Weiße Feder seinem* ***Pferd*** *zu und ritt zurück ins Lager, mit dem* ***Geschenk*** *für seine Freundin Rote Blume.*

Spuren lesen

Das brauchen Sie

- eine flache Schale, eine Schüssel oder Tablett mit Rand; feinen Sand; ca. 6 kleine Gegenstände, die einen unterschiedlichen Abdruck hinterlassen

Bevor Sie anfangen

Verteilen Sie den Sand in der Schale, und streichen Sie ihn glatt. Suchen Sie sechs Gegenstände, die Sie über den Sand *„laufen"* lassen können und die deutliche Abdrücke hinterlassen, wie z. B. *Würfel, Spielfigur, Puppe, Kugel, Stift, Hartgummitier …*

Eine kleine Erzählung zur Einstimmung

*Indianer waren hervorragende **Spuren- und Fährtenleser.** Zum einen mussten sie wissen, wo sie Tiere zum Jagen finden konnten, zum anderen war es wichtig, welche gefährlichen Tiere oder Indianer verfeindeter Stämme sich in ihrer Umgebung aufhielten. Die Indianer beobachteten deshalb die **Natur** ganz genau. Auf dem **Boden** konnten Indianer lesen wie in einem Buch. Sie achteten auf Kothaufen, denn jede Tierart machte ihren besonderen Haufen. Sie bemerkten Fell und Federn, die an **Pflanzen** hängen geblieben waren. Und sie achteten auf verlassene Fressplätze und Spuren. Auf Spuren, die Tiere mit ihren Füßen im Boden hinterlassen hatten. Ihr könnt euch nun wie die Indianer im Spurenlesen üben …*

Die Spurensuche beginnt – So geht es

Stellen Sie zu Beginn des Spiels den Kindern die Frage: „Wer oder was ist hier lang gelaufen?". Die Gegenstände, die Sie zuvor schon bereitgelegt haben, liegen neben der vorbereiteten Schale mit Sand. Das Kind, welches die Spur lesen soll, dreht sich um. Ein anderes Kind sucht sich einen Gegenstand aus und macht damit mehrere Abdrücke hintereinander in den Sand. Das Kind, welches nicht zugesehen hat, versucht nun, den passenden Gegenstand zu der entstandenen Spur zu finden. Hat das Kind die Spur erkannt, bestimmt es ein anderes Kind, das sich umdrehen muss, streicht den Sand glatt und legt mit einem anderen Gegenstand eine neue Spur an.

Ideen zum Weitermachen

Dieses Spiel können Sie mit beliebig vielen Gegenständen fortführen. Lassen Sie die Kinder selbst Gegenstände suchen, mit denen sie Spuren anlegen können.

Erhöhen Sie den Schwierigkeitsgrad für größere oder geübte Spurenleser, indem sie die Gegenstände nicht zeigen und fragen, von wem oder was die Spuren sein könnten. Damit motivieren Sie sie und fördern ihre Fantasie und ihr Vorstellungsvermögen heraus.

Gespenster, Geister, Hexenzauber

Kinder leben, denken und spielen oft in Fantasiewelten. Haben diese Welten einen Hauch von Zauberei, Mystik und geheimnisvollem Flair, sind sie umso interessanter für die Kinder. Durch die Lüfte schweben zu können, unsichtbar zu sein wie ein Gespenst oder zaubern und auf einem Besen fliegen zu können wie eine Hexe, das sind Vorstellungen, die die Kinder in ihrer Fantasie erleben. In einer Fantasiewelt ist alles möglich und machbar, und das finden Kinder toll. Dieses Kapitel hält viele Vorschläge für spannende und zauberhafte Sprachangebote für Kopf und Körper bereit.

Eine **Geräuschgeschichte** nimmt die Kinder mit auf eine Fahrt durch die Geisterbahn, und sie sorgen für gruselige Stimmung, indem sie die Tonmeister sind.

In einer **Reimgeschichte** lernen die Kinder das einsame Schlossgespenst Spross und den traurigen Ritter Bert kennen, die am Ende Freunde werden.

Ein munteres **Lied** über Hexen und ihr Treiben lädt die Kinder zum Mitsingen ein.

In einem bewegten **Fingerspiel** machen die Kinder Bekanntschaft mit einem kleinen ängstlichen Gespenst, das sich fürchterlich gruselt.

Der zauberhafte **Gestaltungstipp** zeigt Ihnen, wie die Kinder ihre eigene Gespenster-Stabpuppe basteln können, mit der sie spielen und Geschichten szenisch darstellen können.

Eine Seite mit **Zauber- und Hexensprüchen** fördert bei den Kindern die Lust auf Sprache, ihre Merkfähigkeit sowie Sprachrhythmus und Sprachmelodie.

In einer **Bewegungsgeschichte** spielen die Kinder mit, wie das kleine Gespenst Humbertus nach vielen Fehlversuchen endlich fliegen lernt.

In einer **Entspannungsgeschichte** verwandeln sich die Kinder in unsichtbare Gespenster und erleben einen schwerelosen Flug bis zur Sonne hinauf.

Eine **Sinneserfahrung** verdeutlicht den Kindern, dass sie sich nicht nur auf ihren visuellen Sinn verlassen müssen, sondern auch ihre anderen Sinne bewusst einsetzen können.

Viel Spaß in der geheimnisvollen Welt der Gespenster, Geister und Hexen!

In der Geisterbahn

Erzähl-Tipp

An den mit ---- markierten Stellen können entweder Sie selbst oder die Kinder die entsprechenden Geräusche machen. Geben Sie den Kindern an den passenden Stellen ein Zeichen, z. B. indem Sie den Zeigefinger erheben.

Das fördern Sie

- Mit dieser Geschichte erweitern Sie die den Wortschatz der Kinder zum Thema „Gespenster“: Sie verinnerlichen zentrale Begriffe, wie *Geisterhaus, Hexenbande, Gespensterbahn, Spuk* und viele weitere Wörter. Insbesondere das anschließende gemeinsame Erzählen festigt durch Wiederholung den aktiven Wortschatz und regt weitere Begriffe zum Thema an, wie *Fluch, Schloss, Mitternacht …*

*„Wart ihr schon einmal in einer **Geisterbahn**?“ Ich war dort. Schon von außen sah das **Geisterhaus** gespenstig aus. Es war nur aus groben Backsteinen gebaut. In der Wand waren **Gerippe** eingemauert, vom Dach hingen **Spinnweben** herunter, und aus den Ritzen im Mauerwerk krochen dünne Rauchschwaden, als ob es im Haus brennen würde. Der Eingang war ein riesiges **Höllentor,** in das Schienen hineinführten. Ich setzte mich in den Wagen, der mich gleich durch das Höllentor fahren sollte. Ein eiserner Bügel kippte nach vorn und klemmte mich fest. Jetzt war es zu spät zum Aussteigen, die Fahrt begann. Ich fuhr durch das Tor in einen dichten **Nebel** hinein und war völlig blind. Eine tiefe, dunkle Stimme aus dem Nichts sagte: „Willkommen in meinem Geisterhaus!“ Und dann schallte ein fürchterlich gemeines Lachen durch das ganze Haus. ---- Die Fahrt ging steil nach unten, und der Nebel verzog sich allmählich. Doch das Licht war schummrig, und so sah ich zu spät, wie ein einäugiger **Riese** seine **Keule** vor mir auf die Schienen krachte. ---- Der **Wagen** blieb ruckartig stehen. Hätten mich die Bügel nicht festgehalten, ich wäre davongeflogen. Der Riese hob die Keule und ließ sie wieder knapp neben mir niederkrachen. ---- Schreiend duckte ich mich ---- und war froh, als der Wagen sich wieder in Bewegung setzte. Doch ich kam nicht zum Verschnaufen. Schon wurde ich von einer ganzen **Hexenbande** angegriffen. Sie flogen auf ihren Besen knapp über meinem Kopf und kicherten dabei alle durcheinander. ---- Während ich die Hexen mit fuchtelnden Armen vertrieb, fuhr der Wagen bergauf, und es wurde immer dunkler. Schließlich blieb er quietschend stehen. ---- Nun war es stockdunkel. Da erschienen überall um mich herum kleine **Lichter,** die sich wie von Zauberhand hin- und herbewegten. Jetzt konnte ich die große, schwere **Holztür** erkennen. Ganz langsam, mit lautem Knarren, öffnete sich die Tür. ---- Viele flüsternde Stimmen drangen zu mir. ---- Aber ich konnte nichts verstehen. Die Stimmen waren zu leise. Wem sie wohl gehörten? Der Wagen ruckte an, fuhr weiter. Die Stimmen wurden lauter und entwickelten sich zu einem unheimlichen Gesang. ---- „Gespenster!“, flüsterte ich. Man konnte sie nicht sehen, aber ich spürte sie. Sie waren überall und versuchten, mich mit ihrem Gesang zu ängstigen. ---- Tapfer überstand ich den **Gespensterraum** und fuhr weiter. Ich sah schon den **Ausgang,** doch das Gruseln hatte noch kein Ende. Nur noch wenige Meter, und ich hatte es geschafft. Da wurde der **Drache** munter, der neben dem Ausgang lag. Er richtete sich zu seiner vollen Größe auf, holte tief Luft und blies eine Feuerwalze direkt auf meinen Wagen. ---- Das war mein Ende. Ich hielt mir schnell die Augen zu und schrie aus Leibeskräften. ---- Doch nichts passierte. Ich nahm die Hände wieder weg und merkte, dass ich gar nicht mehr im Geisterhaus war. Der **Spuk** war vorbei.*

Vom Schlossgespenst im Dachgeschoss

In einem fernen, fernen **Land**
stand ein Schloss am **Waldesrand**.
Drinnen wohnte Ritter **Bert**
mit seinem treuen, braven, **Pferd**.
Ritter Bert war oft **allein**,
wollte nicht mehr traurig **sein**.
Ganz genauso ging es **Spross**,
dem Gespenst im **Dachgeschoss**,
hatte weder Freund noch **Frau**,
machte nur allein **Radau**.
„Das kann so nicht **weitergehen.**
Irgendetwas muss **geschehen“,**
dachten sich der Geist **sodann**
und der edle **Rittersmann**.
Spross verließ das **Dachgeschoss**
und geisterte durchs **Ritterschloss**,
flog in allen Zimmern **rum**,
sah sich nach Gesellschaft **um**.
Ritter Bert lag schon im **Bett**,
hatte sich fein **zugedeckt**,
als der kleine, weiße **Geist**
in das Schlafgemache **schleicht.**
Ritter Bert bemerkte **gleich**:
„Hier ist doch wer in meinem **Reich.“**
Schon flog Spross aufs **Ritterbett**,
lächelte und fragte **nett**:
„Möchtest du mein Spukfreund **sein?**
Ich bin immer so **allein**.“
„Ich kann zwar nicht durch Wände **fliegen**
auch nicht Kerzenständer **biegen,**
doch dein Freund, der will ich **sein,**
bin dann auch nicht mehr **allein.“**

Ideen zum Mitmachen und Mitsprechen

Die Kinder können Ihren Vortrag sehr gut begleiten, indem sie im **Sprechrhythmus** mit ihren Füßen auf den Boden **stampfen** oder mit den Händen auf den Boden, die Oberschenkel, die Oberarme, den Tisch o. Ä. **klatschen**. Das hilft ihnen, ein Gefühl für Sprachrhythmus, Tempo und Sprachmelodie zu entwickeln. Sie können den **Schwierigkeitsgrad erhöhen,** wenn die Kinder im **Strophenwechsel**, entweder mit den Füßen stampfen oder mit den Händen klatschen. Dabei fördern sie zusätzlich die Motorik der Kinder.

Wenn die Kinder den Text schon mehrmals gehört haben und ihn sehr gut kennen, können Sie die Reimgeschichte gemeinsam im **Dialog** sprechen. Sie tragen den Text vor und lassen die Kinder dabei immer das jeweilige **Reimwort ergänzen.** Als Hilfe können Sie die ersten Buchstaben des Reimwortes ansprechen, und die Kinder ergänzen dann das vollständige Wort. Das macht viel Spaß und verbessert die Artikulation. Außerdem werden dadurch auch der aktive Wortschatz und die phonologische Bewusstheit gefördert.

Das Hexenlied „Hex, hex, hex"

Melodie: traditionell „Summ, summ, summ, Bienchen, summ herum"
Text: Ute Schröder

1.
Hex, hex, hex, die Hexen kommen jetzt.
Vollmond hat schon Platz genommen,
Hexenzauber hat begonnen.
Refrain:
Hex, hex, hex, die Hexen kommen jetzt.

2.
Hex, hex, hex, die Hexen kommen jetzt.
Steigen auf die Hexenbesen,
rufen alle Geisterwesen.
Refrain:
Hex, hex, hex, die Hexen kommen jetzt.

3.
Hex, hex, hex, die Hexen kommen jetzt.
Kochen ihre Hexensuppe,
Krötenschleim mit Hexenspucke.
Refrain:
Hex, hex, hex, die Hexen kommen jetzt.

Ideen zum Mitmachen und Mitsingen

Singen Sie die Strophen vor, und fordern Sie die Kinder auf, auf ein verabredetes Zeichen hin, den Refrain mitzusingen. Dabei sollen sie versuchen, das „hex, hex hex" ganz verschwörerisch (hexenähnlich) zu singen. Die Kinder üben hierbei, die Vokale und den schwierigen Laut „X" zu artikulieren. Sie fördern dadurch das phonologische Bewusstsein und eine deutliche Aussprache der Kinder.

Das Lied eignet sich auch wunderbar dazu, es als kleine **Vorführung** zu gestalten. Hierfür können Sie mit den Kindern Hexenkostüme mit spitzen Papierhüten und langen Umhängen basteln. Der Hexenzauberbesen darf natürlich genauso wenig fehlen wie graue Farbe im Gesicht, damit die kleinen Hexen auch ganz fürchterlich gruselig aussehen.

Tipp

Um dem Lied mehr Spannung zu verleihen, können Sie die Anfangs- und Endzeile („Hex, hex, hex, …) in normaler Lautstärke und die Zwischenzeilen ganz leise flüsternd singen.

Fingerspiel vom ängstlichen Gespenst

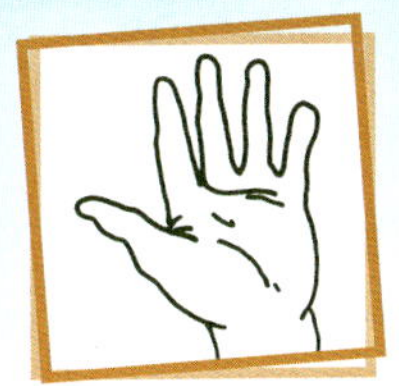

Verse sprechen …	**Finger spielen …**
Hinter einer Mauer sitzt was auf der Lauer.	*Eine flache Hand als Mauer aufstellen.*
Es wartet, bis die Nacht anbricht, dann erst zeigt es sein Gesicht.	*Die andere Faust dahinter verstecken.*
Ängstlich schaut es hin und her, denn es gruselt sich so sehr.	*Die Kuppe des Zeigefingers hinter der Mauer auftauchen lassen.*
Niemand ist zu sehen, nun kann's spazieren gehen.	*Die Fingerkuppe hin und her drehen.*
Auf der Mauer läuft es lang ohne Angst und ohne Bang.	*Den ganzen Zeigefinger hinter der Mauer hin und her bewegen.*
Da hat es sich erschreckt, **husch** – war es wieder **weg**.	*Den Zeigefinger wieder hinter der Mauer verstecken.*

Das fördern Sie

Durch die Kombination von gesprochenen Versen und passenden Bewegungen prägen sich die **Wortbedeutungen** viel leichter ein, sodass Sie nicht nur die Feinmotorik der Kinder fördern, sondern gleichzeitig auch ihren passiven **Wortschatz**. Wenn die Kinder den Text selbst sprechen, fördern Sie natürlich auch ihren aktiven Wortschatz.

Ideen zum Mitmachen und Weitermachen

Malen Sie mit einem Stift ein ängstliches Gesicht auf die Kuppe Ihres Zeigefingers, oder verwenden Sie eine selbstgebastelte Stabpuppe (Anleitung siehe Seite 42) zum Darstellen des Gespenstes.

Sehr gut eignet sich das Spiel auch als kleines **Puppenspiel**. Sie können es mit den Kindern zusammen proben und aufführen, indem die Kinder Ihre Bewegungen nachahmen und den Text mitsprechen. Umso öfter Sie das Fingerspiel einsetzen, desto besser können sich die Kinder den Text und den Spielablauf merken.

Gespenster-Stabpuppen selbstgemacht

Das brauchen Sie

- einen Stab (z. B. Holzspieß, stabiles Trinkröhrchen, Stift) für jedes Kind; Knete; weißen Stoff (Größe ca. 12 x 12cm) für jedes Kind; reißfesten Faden; Faser- oder Stoffmalstifte; Scheren

Material für die Variation

- einen Stab für jedes Kind; Knete; farbigen Stoff (Größe ca. 12 x 12 cm); reißfesten Faden; Faser- oder Stoffmalstifte; Scheren

So geht es

1. Die Kinder rollen eine durchschnittlich 1 cm große Kugel aus der Knete aus, die als Kopf dient.
2. Nun drücken sie den Stab mit einem Ende in die Knetkugel.
3. Danach stellen sie den Kopf verkehrt herum, mit dem Stab nach oben zeigend, auf den weißen Stoff.
4. Die Kinder schlagen dann den Stoff nach oben, sodass der ganze Knetkopf richtig darunter verschwindet.
5. Nun ist Ihre Hilfe gefragt! Mit dem Faden binden Sie den Kopf ab und verknoten ihn ganz fest. Die Kinder können sich aber auch gut gegenseitig dabei helfen, wenn Sie einmal gezeigt haben, wie der Stoff am besten abzubinden geht.
6. Jetzt können die Kinder ihrem Gespenst mit einem Stift Gesichtszüge geben.
7. Mit Schere und Stift kann im Anschluss das Gewand des Gespenstes schön geisterhaft gestaltet werden. Die Kinder können hierfür z. B. Fransen ans untere Ende des Gewandes schneiden, oder sie versehen ihr Gespenstergewand mit Hilfe der Schere mit vielen großen und kleinen Löchern.

Variation

Muss ein Gespenst eigentlich immer weiß sein? Vielleicht gefallen den Kindern rosa, gelbe oder himmelblaue Gespenster viel besser?
Bieten Sie auch verschiedenfarbige Stoffe an. Mal sehen, wie schön bunt Ihre Gespenstertruppe am Ende dann werden wird …

Ideen zum Weitermachen

Mit ihren Stabpuppen können die Kinder ein kleines **Rollenspiel** gestalten, wobei Sie das szenische und betonte Sprechen fördern. Lassen Sie der Fantasie der Kinder dabei freien Lauf. Ganz nebenbei erweitern sie dabei ihren aktiven Wortschatz zum Thema.

Sie können die Stabpuppen auch gut als stimmungsvolle Unterstützung zu den vorhandenen Geschichten dieses Kapitels einsetzen, indem Sie oder die Kinder selbst die Puppen passend zur Geschichte durch den Raum schweben lassen.

Zauber- und Hexensprüche

Tipp

Die Zauber- und Hexensprüche kommen bei den Kindern deutlich besser an, wenn Sie oder die Kinder dabei einen *Zauberstab* führen und die entsprechenden Bewegungen machen. Wählen Sie dafür einen besonders schönen oder selbstgestalteten Zauberstab aus.

Krötenblut und Drachenei,
Zauberkräfte, kommt herbei!
Spinnenbeine, eins, zwei, drei,
jetzt beginnt die Zauberei.

Hokus pokus Fidibus,
mit Langeweile ist nun Schluss.
Holt die Zauberstäbe raus!
Aus dem *(...)* mach ich 'ne Maus.
(Name eines Kindes einsetzen)

Für meinen Ekelzaubertrank
hole ich aus meinem Schrank
Fliegenpilze groß und klein,
von der Fledermaus ein Bein,
eine Portion Hühnerkacke
und den Schwanz von einer Ratte.
Giftig grüner Krötenschleim
kommt noch in den Topf hinein.
Nun noch alles kräftig rühren!
Könnt ihr schon die Wirkung
spüren?
Fertig ist der Zaubertrank,
ah, ein herrlicher Gestank.

Ene mene Hexenbesen,
der *(...)* bist du gewesen.
(Name eines Kindes einsetzen)
Ene mene Hexenbrei,
los geht's mit der Hexerei.
Ene mene Hexenbein,
du sollst eine *(...)* sein.
(z. B. Gemüse einsetzen)

Aufgepasst, du Zauberstab,
welche Wünsche ich nun hab'.
Alles musst du für mich tun,
da bleibt keine Zeit zum Ruhen.
Kreise, kreise, Zauberstab,
ich flüster' dir, was ich gern mag
(...) (einen Wunsch flüstern)

Ene mene Fliegendreck,
ene mene Mäusespeck,
ene mene Stinkefuß,
ene mene Ofenruß,
ene mene Schneckenschleim,
ene mene Hühnerbein,
ene mene Spinnennetz,
ein *(...)* bist du jetzt.
(Tier oder Gegenstand einsetzen)

Das fördern Sie

- Die Zauber- und Hexensprüche regen die Fantasie an und fördern natürlich auch die Konzentration und das Wissen und Denken in thematischen Zusammenhängen. Ganz besonders fördern sie das Wortverstehen und den aktiven Wortschatz der Kinder.

Ideen zum Mitmachen und Mitsprechen

Umso öfter die Kinder die Zauber- und Hexensprüche gehört haben, desto leichter fällt es ihnen, den Text selbst zu sprechen. Legen Sie besonders viel Beachtung auf die Betonung und die Aussprache von problematischen bzw. schwierigen Wörtern. Damit fördern Sie die Artikulation und das phonologische Bewusstsein der Kinder.

Überlegen Sie zusammen, wozu Zaubersprüche gut sein können und was sie gerne einmal richtig wegzaubern wollen. Und wie können verzauberte Personen oder Gegenstände eigentlich wieder zurückgeholt werden? Gibt es dafür auch Sprüche? Sicher fällt den Kindern einiges dazu ein ...

Gespenst Humbertus will fliegen

Das brauchen Sie

- für jedes Kind einen Stuhl im Gruppenraum oder im Bewegungsraum je nach Anzahl der Kinder ein oder 2 Turnbänke

Hinweis zum Geschichtenspielen

- Nach den mit ---- markierten Stellen im Text müssen Sie eine kleine Pause machen, um den Kindern die Bewegungsumsetzung zu ermöglichen.

Das fördern Sie

- Durch die Kombination von Sprache und Bewegung trainieren Sie gezielt das Wortverstehen, indem die Kinder die Wortbedeutungen aus dem Geschichtenzusammenhang erfassen und sie sofort in passende Bewegungen umsetzen. Das festigt den passiven Wortschatz und fördert zugleich die motorische Geschicklichkeit der Kinder.

Das bereiten Sie vor

Für diese Geschichte brauchen Sie genügend Platz im Raum. Stellen Sie deshalb alles, was stören könnte, an den Rand des Raumes. Beim Erzählen und Spielen sollte es auch ruhig etwas lauter werden können. Prüfen Sie deshalb, ob Sie andere Gruppen stören könnten, bzw. kündigen Sie an, dass es heute bei Ihnen mal etwas turbulenter zugehen wird.

So geht es

Die Kinder spielen das kleine Gespenst Humbertus. Sie sitzen zu Beginn der Bewegungsgeschichte alle auf dem Boden.

*Das kleine **Gespenst Humbertus** saß traurig auf dem **Dachboden** des alten Schlosses. Alle waren zum Spuken ausgeflogen. Nur er musste zu Haus bleiben, denn Humbertus konnte weder fliegen, noch schweben. **Wütend** trampelte er mit seinen unsichtbaren Füßen auf den Boden. ---- Es konnte doch nicht so schwer sein, **das Fliegen**. Entschlossen stand Humbertus auf und stellte sich hin. ---- Er wollte jetzt fliegen **lernen** und wenn er das erst einmal konnte, war das Schweben auch nicht mehr schwer. Zuerst versuchte das kleine Gespenst, in die Höhe zu springen. Es ging in die Hocke und sprang so kräftig, es ging, nach oben. ---- Immer wieder versuchte er es, ---- landete aber gleich wieder auf seinen Füßen. „So wird das nichts", dachte Humbertus und drehte sich auf der Suche nach einer **Abflugrampe** im Kreis. ---- Da entdeckte er einen **alten Stuhl** (Bank). Das kleine Gespenst stellte sich darauf und schüttelte seine Beinchen noch mal tüchtig aus. ---- So könnte es klappen. Humbertus sprang kraftvoll hoch und landete auf seinem unsichtbaren Hinterteil. ---- Erschrocken rieb er sich beim Aufstehen die Pobacken. ---- Doch das kleine Gespenst gab nicht so schnell auf. Es kletterte auf den Stuhl (Bank), sprang noch einmal und landete auf dem Bauch. ---- Wieder nichts. Beim nächsten Versuch landete es auf dem Rücken. ---- Inzwischen tat Humbertus alles weh, doch aufgeben wollte er nicht. Er hatte eine bessere **Idee**. Nun legte er sich mit dem Bauch quer auf den Stuhl (Bank) und schwang wie ein Vogel seine unsichtbaren Arme. ---- Vergeblich, Humbertus hob nicht ab. Bekümmert setzte er sich auf den Stuhl (Bank). ---- Einen **allerallerletzten Versuch** wollte er noch starten. Vielleicht klappte ja beides zusammen? Das kleine Gespenst stellte sich wieder auf den Stuhl (Bank) ----, ging leicht in die Hocke ----, breitete die Arme aus ---- und sprang. ---- Und siehe da, es flog. Das kleine Gespenst flog kreuz und quer durch den Dachboden. ---- Manchmal holte es mit den Armen neuen Schwung ---- und dann ließ es sich gleiten, ja es schwebte. Es flog Kurven und Schleifen und ließ sich treiben. ---- „Juchu, juchu, ich kann fliegen", rief das kleine Gespenst Humbertus und drehte noch ein paar Runden. ----*

Kleine Gespenster begleiten

Vorlese-Tipp

Lesen Sie die Geschichte langsam und mit ruhiger, leiser Stimme vor. Es eignet sich besonders, sie vor dem Mittagsschlaf vorzulesen.

Gestaltungs-Tipp

Mit einer *Taschenlampe* und Klarsichtfolien in den Farben *grün (Wald), blau (Himmel) und gelb (Sonne)* können Sie die Traumreise noch wirkungsvoller gestalten. Lassen Sie den Raum an den entsprechenden Stellen in dem jeweiligen Licht scheinen, indem Sie die Folie vor die leuchtende Lampe halten und diese an die Decke richten.

Das fördern Sie

- In dieser Traumgeschichte erfahren die Kinder die Wortbedeutungen mit dem ganzen Körper und genießen die Ruhe. Das fördert zum einen die Konzentrationsfähigkeit und das Vorstellungsvermögen, zum anderen hilft es natürlich den Kindern, die Wörter rund um die Geistertraumreise in ihrem passiven Wortschatz zu verankern.

Bevor Sie beginnen

Dunkeln Sie den Raum etwas ab, und bitten Sie die Kinder, sich im Raum zu verteilen und sich bequem und entspannt auf den Rücken zu legen.

Auf Traumreise mit kleinen Gespenstern – So geht es

Wenn die Nacht zu Ende geht, ist auch die Zeit der ***Geister und Gespenster*** *vorbei. Sie scheuen das Licht und die Sonne, doch manchmal träumen sie davon, die* ***Welt bei Tage*** *zu bestaunen. Stell dir vor, du hättest die ganze Nacht herumgespuckt, Leute erschreckt und gegruselt, und nun liegst du geschafft in deinem* ***Gespensterbett*** *und bist* ***ganz müde****. Dein* ***Körper*** *ist leicht wie eine Feder und wird ganz langsam unsichtbar. Und plötzlich* ***schwebst*** *du los, hinaus aus dem Fenster, hinaus aus der Stadt, bis zu einer grünen Wiese. (grünes Licht) Auf ihr wachsen viele bunte* ***Blumen,*** *die herrlich* ***duften****. Du schwebst so niedrig, dass dich die* ***Grashalme*** *an der Nasenspitze* ***kitzeln****. Du siehst einen Wald in der Nähe und lässt dich dahingleiten. Die dunkelgrünen* ***Tannenbäume*** *wiegen sich im Wind unter dir, und du schaukelst mit ihnen eine Weile hin und her. Fliegen macht Spaß, und du beschließt, noch höher zu steigen, hoch in den* ***Himmel****. (blaues Licht) Dir begegnet ein* ***Adler,*** *und du begleitest ihn ein Stück seines Fluges. Der Vogel merkt nichts davon, denn du bist ja unsichtbar. Vom Himmel aus siehst du dir die Welt an, und alles ist ganz klein. Die Häuser, die Straßen, die Menschen, alles sieht aus wie im* ***Zwergenland****. Das Dahinschweben macht dir so ein* ***Vergnügen****, dass du mutig noch höher steigst, durch die* ***Wolken****, die wie Watte an dir vorbeiziehen, bis hoch zur* ***Sonne****. (gelbes Licht) Hier ist es unwahrscheinlich warm und hell. Die* ***Strahlen*** *der Sonne* ***streicheln*** *deine unsichtbare Haut, und dein ganzer Körper wird angenehm* ***warm****. „Nanu?“, spricht da die Sonne. „Was machst du kleiner Geist hier?“ „Du kannst mich sehen?“, fragst du erschrocken. „Ich sehe alles und jeden, und ich weiß, dass Geister jetzt zu schlafen haben und nicht am* ***hellerlichten Tage*** *durch die Gegend schweben. Also, mach dich schnell auf den Weg nach Hause, leg dich in dein Bett, kuschel dich ein, und träume einen* ***schönen Traum****. Gute Nacht!“ (Licht aus)*

Im Dunkeln tasten

Bevor das Spiel beginnen kann …

Bei diesem Spiel lernen die Kinder, ihre anderen Sinne zu schärfen, wenn der visuelle Sinn, also die Augen, einmal nicht zur Verfügung steht.

Einige Kinder, besonders die jüngeren, scheuen sich, ihre Augen verbinden zu lassen. Deshalb sollten Sie vorher einen interessanten **Erzählanlass schaffen**, bei dem die Kinder neugierig werden, dieses Experiment zu wagen, und ihre Scheu verlieren.

Mit diesen Fragen können Sie einen Erzählanlass schaffen:

- Wer hat Angst im Dunkeln?
- Warum?
- Vor wem oder was?
- Was macht man, wenn es zu dunkel ist, um zu sehen?

Motivieren Sie die Kinder, indem Sie sie zusammentragen lassen, dass man noch **andere Sinne** hat und hören, riechen, schmecken und tasten kann.

Das brauchen Sie

- ein blickdichtes Tuch zum Verbinden der Augen

Ohne-Augen-Spiel – So geht es

1. Die Kinder sitzen im Kreis auf dem Boden.
2. Ein freiwilliges Kind lässt sich die Augen mit dem Tuch verbinden.
3. Es dreht sich im Kreis und geht dann auf ein Kind im Sitzkreis zu, welches daraufhin aufsteht.
4. Nun soll das „blinde" Kind sein Gegenüber durch Ertasten oder Erriechen erkennen.
5. Hat das Kind Schwierigkeiten, geben Sie Hilfestellung, indem Sie auch den Hörsinn aktivieren und das zu erratende Kind ein Wort sagen soll.
6. Wurde das Kind erkannt, kann es das nächste Kind probieren. Alle anderen Kinder tauschen schnell die Plätze.

Variation für Könner

Sie können den Schwierigkeitsgrad erhöhen, indem das Kind mit den verbundenen Augen nur Arme und/oder Beine des Gegenübers ertasten darf. Achten Sie dabei darauf, dass auf keinen Fall geschummelt wird und die Augenbinde des „blinden" Kindes nicht verrutscht.

Mit Tsching trara zum Faschingsfest

Kinder lieben die Faschingszeit. Sie gibt ihnen die Möglichkeit, in andere Rollen zu schlüpfen und sich auch äußerlich mit einem Kostüm und Schminke zu verwandeln. In dieser Zeit wird gefeiert, gelacht, getanzt, musiziert, gebastelt, rumgealbert, und lustige Spiele werden veranstaltet. Die Kinder genießen das gesellige Beisammensein mit anderen Kindern. Zur Faschingszeit dürfen die kostümierten Gestalten auch mal etwas übermütiger werden, und die ausgelassene Stimmung schafft Frohsinn und Lebensfreude. In diesem Kapitel finden Sie viele Sprachanregungen, mit denen Sie die Kinder in der Faschingszeit begleiten können und diese noch unterhaltsamer und abwechslungsreicher werden lassen.

Eine emotionale **Geschichte** lädt die Kinder ein, über Gefühle und Toleranz nachzudenken und darüber mit den anderen Kindern zu sprechen.

In einer fantasievollen **Reimgeschichte** von einem Faschingsfest im Kindergarten, mit vielen Figuren und Tieren, können die Kinder selbst Reimwörter finden.

Ein schwungvolles **Lied**, das für einen geselligen Kreistanz genutzt werden kann, stellt die einzelnen Kostüme der Kinder vor.

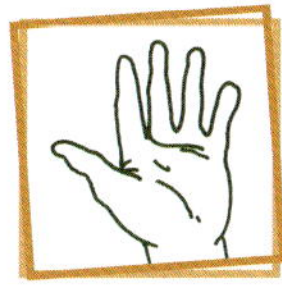

Ein interaktives **Fingerspiel** lässt die Hände der Kinder die Musikinstrumente zur Faschingsfeier spielen, und gemeinsam stellen sie den Faschings-Hit dar.

Ein origineller **Gestaltungstipp** zeigt Ihnen, wie Sie mit den Kindern eine essbare Tischdekoration für eine Faschingsfeier herstellen können.

Mit **Zungenbrechern** und **Schnellsprechsätzen** fördern Sie die phonologische Bewusstheit, Artikulation, Merkfähigkeit und die Freude an der Sprache.

Ein **Bewegungsspiel** verbindet Wahrnehmung, Sprache und Bewegung der Kinder auf spielerische Weise.

Suchen Sie eine Möglichkeit, während des Faschingstrubels eine Ruhepause für die Kinder zu schaffen! Tragen Sie diesen **Entspannungsreim** vor, und begleiten Sie ihn mit den Tönen einer Klangschale.

Ein selbstgespieltes **Luftballonkonzert** fördert die Wahrnehmung und schult die Sinne der Kinder.

Viel Freude mit den bunten Faschingsfeier-Ideen!

Fasching ohne Kostüm?

Das fördern Sie

- Die Kinder verinnerlichen bei dieser Vorlesegeschichte zentrale Begriffe zum Themenbereich „Fasching" und erweitern damit ihren Wortschatz. Insbesondere durch das anschließende Erzählen können die neuen Begriffe gefestigt und der aktive Wortschatz erweitert werden, indem es weitere Begriffe zum Thema anstößt, wie: *Faschingsfeier, Girlanden, Luftballons …*

Julian ging gern in den Kindergarten. Jeden Morgen freute er sich auf seine Freunde Ruben, Helene und Sophia, seine Betreuerin Almut und die tollen Spielsachen. Doch an einem Dienstag war alles anders. Julian wollte nicht in den Kindergarten gehen, denn es war ***Fasching,*** *und im Kindergarten wurde ein großes* ***Faschingsfest*** *gefeiert. Julian mochte Fasching überhaupt nicht. Er mochte keine* ***Kostüme,*** *keine* ***Schminke*** *im Gesicht und schon gar nicht den Krach und das Rumgespringe der anderen Kinder. Warum, das wusste er selbst nicht. Es war einfach so. Julian stöhnte. „Na komm endlich!", hörte er seine Mutter rufen. „Wir müssen los. Den* ***Zauberumhang*** *nehmen wir mit. Vielleicht überlegst du es dir noch anders." Als Julian im Kindergarten ankam, herrschte dort schon munteres Treiben. Almut, die sich als Maus angezogen hatte, begrüßte ihn wie immer herzlich. Dann sah sie an ihm herunter. „Du möchtest dich nicht verkleiden?", fragte Almut verwundert. Julian schüttelte den Kopf. „Dann bleibst du eben unser Julian", meinte sie lächelnd und wuselte ihm durch seine Haare. Julian zog sich in die Couchecke zurück und bestaunte die Kostüme der anderen Kinder. Toll sahen sie aus. Ruben, sein bester Freund, war unter einem* ***Gespensterkostüm*** *verschwunden. Julian erkannte ihn nur an seinen Hausschuhen. Helene und Sophia waren wunderschöne* ***Prinzessinnen*** *mit rosa Kleidern und goldenen Kronen auf dem Kopf. Plötzlich machte sich Titus in seiner* ***Ritterrüstung*** *vor ihm breit, richtete sein Schwert aus Holz auf ihn und fragte spöttisch: „Was bist du denn? Du hast doch gar nichts an?" „Na und, muss ich doch nicht", meinte Julian. „Klar musst du! Heute ist Fasching. Alle haben ein Kostüm an." „Ich eben nicht." „Dann hast du hier auch nichts zu suchen", befahl der Ritter mit dem Schwert in der Hand. Hilfe suchend sah Julian zu seinen Freunden und zu Almut. Doch die waren mit Schminken beschäftigt. Titus gab keine Ruhe und fuchtelte mit seiner Waffe vor Julians Gesicht herum: „Los, geh raus! Wenn du kein Kostüm hast, darfst du auch nicht mitfeiern." Julian merkte, wie ihm die Tränen hochkamen. Jetzt bloß nicht weinen, dachte er, sprang auf und rannte aus dem Zimmer. Der Ritter Titus lächelte zufrieden.*

Ideen zum Weitermachen

Die Geschichte bietet unterschiedliche Erzählanlässe. Durch gezielte Fragen können Sie die Kinder anregen, über Gefühle und Toleranz nachzudenken und darüber zu sprechen. Sie könnten z. B. folgende Fragen stellen:

- Hat der Ritter Titus Recht?
- Warum könnte Julian Fasching nicht mögen?
- Wie fühlt sich Julian, als er das Zimmer verlässt?
- Wollen wir die Geschichte weiter erzählen?
- Was könnte noch passieren? Helfen Julian seine Freunde oder seine Betreuerin Almut?

Hurra! Fasching ist da!

Hurra, hurra, es ist **so weit,**
endlich ist es **Faschingszeit.**
Der Kindergarten ist ganz **schick,**
mit Luftballons schön bunt **geschmückt.**
Am Eingang steh'n zwei **Elefanten,**
am Fenster hängen die **Girlanden.**
Die Kinder sind ganz **ungestüm,**
und alle kommen im **Kostüm.**
Der Philipp geht als schwarzer **Hund,**
der Max als Clowni **„Kunterbunt".**
Die Thea ist 'ne **Miezekatze,**
der Paul zieht eine doofe **Fratze.**
Supermann fliegt durch den **Raum,**
der Vampir bemerkt ihn **kaum.**
Mit einer langen **Wuschelmähne**
zeigt John, der Löwe, seine **Zähne.**
Rotkäppchen ist auch **gekommen,**
hat ihr Körbchen **mitgenommen.**
Ein Koch, der seinen Löffel **schwingt,**
ein Cowboy, der ein Liedchen **singt,**
die Fledermaus, die flattert **rum,**
die olle Hexe macht sich **krumm.**
Sie alle wollen tanzen **gehen**
und sich wild im Kreise **drehen,**
spielen mit den **Luftballons,**
krachen mit den **Knallbonbons,**
singen und auch **musizieren,**
wie die Pferdchen **galoppieren,**
durch das Zimmer, durch den **Garten,**
alle können's kaum **erwarten.**
Die Party ist in vollem **Gange,**
da kommt eine **Faschingsschlange.**
Der rote Teufel geht **voran,**
die ander'n hängen hinten **dran.**
Alle Kinder machen **mit,**
geh'n gemeinsam Schritt für **Schritt.**
Und so freu'n sich alle **Gäste**
über dieses **Faschingsfeste.**
Hurra, hurra, es ist **so weit,**
endlich ist es **Faschingszeit.**

Ideen zum Mitmachen und Weitermachen

Die Kinder können Sie bei Ihrem Vortrag prima rhythmisch begleiten, indem sie im **Sprechrhythmus** mit den Handflächen in ihre Hände **klatschen** oder auf ihre Oberschenkel oder Schultern **klopfen.** Das hilft ihnen, ein Gefühl für Sprachrhythmus, Tempo und Sprachmelodie zu bekommen.

Wenn die Kinder den Text schon ganz gut kennen, können sie das jeweilige **Reimwort ergänzen** oder laut mitsprechen. Als Hilfe können Sie die ersten Buchstaben des Reimwortes ansprechen, und die Kinder vervollständigen. Durch das aktive Mit- und Nachsprechen fordern Sie die Merkfähigkeit der Kinder heraus und erweitern ihren aktiven Wortschatz.

Die Reimgeschichte eignet sich auch ganz hervorragend, sie **mit unterschiedlichen Stimmungen zu sprechen.** Dadurch lernen die Kinder, Emotionen bewusst wahrzunehmen und zu erkennen. Sprechen Sie den Text an den entsprechenden Stellen *fröhlich, empört, aufgeregt, geheimnisvoll, amüsiert …* Das verleiht der kleinen Geschichte mehr Lebendigkeit, und für die Kinder ist das eine zusätzliche Herausforderung, denn sie sollen die Reimwörter dann natürlich auch in den passenden Stimmungen sprechen.

Lied vom Faschingsfest

Melodie: traditionell „Ich bin ein Musikante" **Text:** Ute Schröder

1.
Ich bin eine **Prinzessin** und komm' zum Faschingsfest.
Ich bin eine Prinzessin und komm' zum Faschingsfest.
Ich kann tanzen, wunderbar tanzen.
Wir können tanzen, wunderbar tanzen,
Refrain:
trallallalla trallallalla trallallallallalla.

2.
Ich bin ein starker **Ritter** und komm' zum Faschingsfest.
Ich bin ein starker Ritter und komm' zum Faschingsfest.
Ich kann kämpfen, wunderbar kämpfen.
Wir können kämpfen, wunderbar kämpfen,
Refrain:
trallallalla trallallalla trallallallallalla.

3.
Ich bin ein kleines **Kätzchen** und komm' zum Faschingsfest.
Ich bin ein kleines Kätzchen und komm' zum Faschingsfest.
Ich kann schnurren, wunderbar schnurren.
Wir können schnurren, wunderbar schnurren,
Refrain:
trallallalla trallallalla trallallallallalla.

Tipp

Dieses Lied können Sie als *Kreisspiel* nutzen. Die Kinder in den dem Liedtext entsprechenden Kostümen treten in die Kreismitte und laufen oder tanzen darin, solange die Strophe erklingt. Beim Refrain *klatschen* alle Kinder, die im Kreis stehen, im Takt mit. Nutzen Sie nur die Strophen, deren Kostüme die Kinder tragen. Improvisieren Sie einen Text zu den Kostümen, die hier nicht vertreten sind, sodass jedes Kind einmal in die Mitte darf.

Ideen zum Weitersingen

Ich bin ein **Indianer ...** Ich kann schleichen ...
Ich bin ein cooler **Cowboy ...** Ich kann reiten ...
Ich bin der **Spiderman ...** Ich kann klettern ...
Ich bin ein **Nachtgespenst ...** Ich kann spuken ...
Ich bin ein bunter **Clown ...** Ich kann blödeln ...
Ich bin die freche **Hexe ...** Ich kann hexen ...
Ich bin ein kleiner **Käfer ...** Ich kann krabbeln ...
Ich bin ein kleiner **Hase ...** Ich kann hoppeln ...
Ich bin ein wilder **Löwe ...** Ich kann brüllen ...
Ich bin ein kleines **Mäuschen ...** Ich kann piepsen ...

Der Faschingshit

Das fördern Sie

- Durch die Kombination von gesprochenen Versen und passenden Bewegungen prägen sich zum einen die Wortbedeutungen besser ein, zum anderen fördern Sie das Denken in Zusammenhängen und die unmittelbare Reaktion und Umsetzung des Verstextes. Wenn Sie das Spiel öfters spielen, können Sie auch die Merkfähigkeit der Kinder fördern, indem sie den Text selbst sprechen.

Tipp

Machen Sie nach jedem gesprochenen Vers eine kleine Pause, damit der jeweilige Musiker Zeit hat, sein Instrument mit Händen und Fingern pantomimisch und mit passenden Geräuschen darzustellen.

So geht es

Singen und Spielen Sie den Faschingshit einmal komplett allein vor mit den zum Text passenden Finger- und Lautbewegungen. Anschließend können sich die Kinder ein Instrument aussuchen und es selbst pantomimisch darstellen und laut mitspielen. Am Ende sprechen und spielen alle zusammen mit, sodass eine chaotische Kapelle entsteht.

Verse sprechen …	Finger spielen …
Faschingshit, Faschingshit, alle Kinder machen mit.	*Beide Hände hochhalten und damit wackeln.*
Zur Eröffnung spielen wir einen Marsch auf dem Klavier.	*Mit allen Fingern klimpern und Klavierspiel imitieren.*
Dann kommen die Pauken dran, jeder trommelt, wie er kann.	*Mit der ganzen Hand trommeln.*
Wer eine Gitarre hat, der begleitet uns im Takt.	*Mit den Händen eine Luftgitarre halten und spielen.*
Nun machen noch die Flöten mit, flöten unser Faschingsstück.	*Mit Mund und Fingern flöten.*
Doch wer fehlt an letzter Stelle, dirigiert uns're Kapelle?	
Der Dirigent, das ist doch klar, macht seine Sache wunderbar.	*Dirigieren.*
Alle Kinder machen mit und spielen uns'ren Faschingshit.	*Alle spielen zusammen.*

Essbare Tischdekoration selbstgemacht

Das bereiten Sie vor

Planen Sie in Ihrer Einrichtung oder mit Ihrer Gruppe eine Faschingsparty? Sind die Kinder voller Vorfreude? Dann gestalten Sie am Vortag mit den Kindern eine lustig-bunte Tischdekoration, die nicht nur toll aussieht, sondern später auch noch gut schmeckt.

Das brauchen Sie

- verschiedene Farben Zuckerguss in Tuben (doppelte Anzahl der Kinder); einen kleinen Teller für jedes Kind; einen großen Schaumkuss für jedes Kind; eine Rolle Luftschlangen; verschiedene Formen Zuckerdekoration (Streusel, Punkte, Herzen, Blumen ...); kleine Schalen

So geht es

Verteilen Sie die Zuckerdekoration in die Schalen und anschließend mit den Zuckerguss-Tuben auf dem Tisch.

1. Jedes Kind erhält einen Schaumkuss und einen Teller.
2. Erklären Sie den Kindern, dass man mit den Tuben malen kann wie mit einem Pinsel und das der Zuckerguss klebt wie Leim.
3. Lassen Sie die Kinder ihre Ideen zusammentragen, wie sie ihren Schaumkuss zu einer hübschen Tischdekoration machen können (z. B. Gesichter, Fratzen, Muster, geometrische Formen oder einfach kunterbunt).
4. Lassen Sie die Kinder ihre Ideen umsetzen.
5. Abschließend legt jedes Kind eine Luftschlange um den Schaumkuss auf dem Teller und denkt sich einen Namen für sein entstandenes Werk aus. Fertig ist die Tischdekoration.

Tipp

Bei manchen Fabrikaten sind die Öffnungen der Tuben sehr klein, sodass der Zuckerguss für die Kinder nur schwer rauszudrücken geht und schlecht zu dosieren ist. Vergrößern Sie die Öffnungen einfach mit einer kleinen spitzen Schere, sodass die Kinder keine Probleme haben, den Zuckerguss durch die Tubenöffnungen zu drücken.

Ideen zum Weitermachen

Dieses Angebot bietet eine gute Gelegenheit, mit den Kindern über Farben und Formen zu sprechen. Schauen Sie sich zusammen die Zuckergusswerke der Kinder an und überlegen, welche Formen sie darin alles sehen können und welche Farben zu sehen sind. Haben sich zwei Farben gemischt? Welche Farbe ist nun entstanden?

Zungenbrecher und Schnellsprechsätze

Zaubernde Zauberer zaubern zauberhaft.
(Zauberhaft zaubern zaubernde Zauberer.)

Ritter Ritterlich ritt wahrhaft ritterlich.
(Ritterlich ritt wahrhaft Ritter Ritterlich.)

Hexende Hexen verhexen verhexte Hexen.
(Verhexte Hexen verhexen hexende Hexen.)

Der Clown klaut Glasglocken.
(Glasglocken klaut der Clown.)

Gespenster gespenstern gespenstig.
(Gespenstig gespenstern Gespenster.)

Tolle Trolle tollen toll.
(Toll tollen tolle Trolle.)

Ein Koch kocht im Kochtopf Kochklops.
(Kochklops kocht im Kochtopf ein Koch.)

Schlumpf Schlumpfinchen schlumpft wie ein Bienchen.
(Wie ein Bienchen schlumpft Schlumpf Schlumpfinchen.)

Gerippe Gerippchen isst gebratene Rippchen.
(Gebratene Rippchen isst Gerippe Gerippchen.)

Ideen zum Mitsprechen

Die Kinder können auf ganz unterschiedliche Weise die Faschings-Zungenbrecher mitsprechen. Sie können z. B. fragen:

- Wer kann den Satz fehlerfrei ganz schnell nachsprechen?
- Wer kann den Satz fehlerfrei 3-mal hintereinander sagen?
- Wer kann die Wörter sinnvoll vertauschen? Welche Vertauschmöglichkeiten gibt es noch?

Dadurch bekommt das Spiel einen richtigen Wettkampfcharakter, und die Kinder sind motiviert, die Sätze auf verschiedene Weise immer wieder zu wiederholen. Damit festigt sich der aktive Wortschatz der Kinder, und Sie fördern neben der Artikulation auch das phonologische Bewusstsein und die Merkfähigkeit der Kinder.

Herr Meier, wo ist die Feier?

Tipp

Für dieses Bewegungsspiel brauchen Sie ausreichend Platz, am besten eignet sich dafür ein Bewegungsraum oder eine Fläche im Freien.

So geht es

Alle Kinder stehen in einer Linie nebeneinander.
Ein Kind ist Herr Meier, der Fänger, und steht ihnen in einem Abstand von mindestens 10 m gegenüber.
Die Kinder rufen im Chor: „Herr Meier, Herr Meier, wo ist die Faschingsfeier?"
Herr Meier ruft zurück: „Bei mir, bei mir, doch Platz ist nur für vier."
Die Kinder rufen im Chor: „Herr Meier, Herr Meier, wer darf zur Feier kommen?"
Nun sucht sich der Fänger bei den ihm gegenüberstehenden Kindern ein Kostüm oder einen Teil eines Kostüms aus, das ein oder mehrere Kinder tragen, und ruft es den Kindern zu. *Z. B.:* „Alle Indianer!", „Alle Könige!", „Alle, die einen Hut tragen!", „Alle, die ein Kleid tragen!"
Jedes Kind kontrolliert seine Kleidung.
Die Parteien müssen nun die Seiten wechseln.
Die Kinder, die das Gesuchte tragen, dürfen unbehelligt auf die andere Seite laufen. Die anderen müssen sich vor dem Fänger in Acht nehmen, denn wen er beim Seitenwechsel abschlägt, der wird ebenfalls zum Fänger.
Sind die Seiten gewechselt, fragen die verbleibenden Kinder wieder: „Herr Meier …"
Die Fänger antworten: „Bei mir …"
Nun beraten sich die Fänger, und suchen gemeinsam ein Kostüm oder ein Teil davon aus, welches sie auf die andere Seite rufen.
Beim Seitenwechsel versuchen die Fänger wieder viele Kinder abzuschlagen, die das Gesuchte nicht tragen.
Das Spiel endet, wenn alle Kinder Fänger geworden sind.

Idee zum Weitermachen

Waren die Fänger sehr schnell und geschickt, spielen Sie das Spiel noch einmal mit einem anderen Fänger zu Beginn.
Die Kombination von Bewegung und Sprache hilft den Kindern, gezielt das Wortverstehen zu trainieren und ihren passiven Wortschatz spielerisch zu erweitern.

Ruhepause im Faschingstrubel

Gut zu wissen

- Wenn Sie während des Faschingstrubels eine kleine Entspannungspause schaffen wollen, eignet sich das Vortragen dieser kurzen Reimgeschichte besonders gut.

Das brauchen Sie

- eine Klangschale mit Schlägel

Das fördern Sie

- In dieser kurzen Reimgeschichte erfahren die Kinder die Wortbedeutungen mit dem ganzen Körper und genießen die Ruhe. Dabei wird zum einen ihre Konzentrationsfähigkeit herausgefordert, zum anderen wird ihre Wahrnehmungsfähigkeit durch den Wechsel zwischen ruhigem, betontem Wort und dem hellen Ton der Klangschale trainiert. Dadurch fällt es den Kindern leichter, die neuen Wörter in ihrem passiven Wortschatz zu verankern und ein Gefühl für die Sprachmelodie zu bekommen.

Bevor es losgehen kann …

Die Kinder legen sich entspannt auf den Rücken. Sie schließen die Fenster und achten darauf, dass auch aus den Nebenzimmern keine lauten, störenden Geräusche zu hören sind. Dann tragen Sie den Reim mit ruhiger und leiser Stimme vor und schlagen an den mit ---- markierten Stellen die Klangschale an.

Ruhe im Trubel – So geht es

Schlägt die große Turmuhr **drei**
ist der Trubel bald **vorbei.**
---- *(3-mal)*

Leise wird es **ringsherum,**
jeder Mund wird still und **stumm.**

Stille legt sich auf dich **nieder,**
schon schließen sich die **Augenlider.**

Deine Beine werden **schwer,**
laufen wollen sie nicht **mehr.**

Deine Arme liegen **da,**
sind dem Boden ganz ganz **nah.**

Selbst die Finger deiner **Hand**
liegen da und sind **entspannt.**

Dein ganzer Körper ruht sich **aus.**
Du liegst in ihm, als wär's dein **Haus.**

Lausche nun den zarten **Tönen,**
denn sie wollen dich **verwöhnen.**
---- *(mehrmals)*

Luftballonkonzert

Gut zu wissen

Luftballons dürfen zu keinem Faschingsfest fehlen. Ob als bunte Dekoration, für Wettbewerbe oder Spiele. Luftballons sind ganz vielseitig einsetzbar. Sie eignen sich sogar zum „Musizieren" sowie zur Förderung der Wahrnehmung und Schulung der Sinne. Denn damit die Luftballonmusik richtig gut klingt, müssen die Kinder ganz genau hinhören und außerdem ihre kleinen Finger ganz geschickt einsetzen. Dadurch erweitern sie auch noch zusätzlich ihre feinmotorischen Fähigkeiten.

Das brauchen Sie

- einen Luftballon für jedes Kind (plus einige Reserveluftballons); eventuell eine Luftballonpumpe

So geht es

Jedes Kind erhält sein Musikinstrument, einen Luftballon, und bläst ihn auf. Kinder, die das nicht schaffen oder Angst vor dem Platzen haben, benutzen mit etwas Hilfe die bereitgestellte Luftpumpe.

Nun umschließen die Kinder mit ihren Daumen und Zeigefingern die Öffnung des Ballons. Vorsicht! Der Luftballon macht sich schnell selbstständig.

Lassen Sie die Kinder nun probieren; durch das gezielte Entweichenlassen der Luft aus dem Ballon entstehen die unterschiedlichsten Töne.

Geben Sie den Kindern Anregungen zum Musizieren mit den Luftballons:

- Wer kann einen hohen Ton erzeugen?
- Wer kann rhythmische Töne erzeugen?
- Wer kann laute/leise Töne erzeugen?
- Wer kann am längsten einen Ton halten?

Haben die Kinder das „Musizieren" mehrfach ausprobiert, schlagen Sie ein gemeinsames Luftballonkonzert vor, in dem alle Kinder gleichzeitig die Luft auf verschiedenste Weise entweichen lassen.

Achtung!

Bitte achten Sie darauf, dass die Kinder nicht mit unaufgeblasenen oder geplatzten Luftballons spielen.

Variante

Sie können den Konzertgenuss auch noch erweitern, indem Sie ein kurzes Lied singen und die Kinder rhythmische Töne als Begleitmusik zum Lied mit ihren Luftballons erzeugen lassen. Das klingt schräg, ist aber witzig und macht schon beim Proben ganz viel Spaß.

Zum Geburtstag alles Gute

Der Geburtstag eines Kindes ist jedes Jahr wieder ein ganz besonderer Tag. Die Kinder freuen sich nicht nur über die Geschenke, auch die Aufmerksamkeiten ihrer Familienangehörigen, Freunde und Bekannten lassen das Geburtstagskind im Mittelpunkt stehen und geben ihm das Gefühl, an diesem Tag etwas Besonderes zu sein. Auf den folgenden Seiten dieses Kapitels finden Sie viele Sprachangebote, die Sie auf spielerische Weise am Geburtstag eines Kindes mit der ganzen Gruppe nutzen können und damit das Geburtstagskind besonders ehren und für Spaß und Freude sorgen.

Eine spannende **Geschichte** von einem geheimnisvollen Geburtstagsgeschenk bietet den Kindern einen guten Erzählanlass. Was wird in der seltsamen Verpackung sein?

Eine ereignisreiche **Reimgeschichte,** in der nachts das Spielzeug in einem Laden zum Leben erwacht, lädt zum Reimen ein, macht den Kindern Spaß und fördert die Lust auf Sprache.

Ein feierliches **Lied** zu Ehren des Geburtstagskindes können die Kinder in einem Stehkreis pantomimisch begleiten und zum Abschluss gemeinsam tanzen.

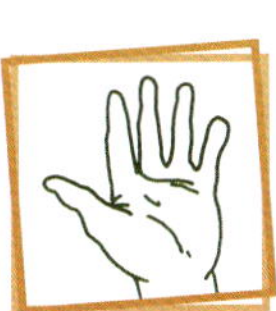

In einem kleinen **Fingerspiel** lernen die Kinder, einen Geburtstagskuchen mit ihren Händen zu backen.

In einem **Kreisspiel** finden die Kinder gemeinsam möglichst viele „Geburtstagswörter" für das Geburtstagskind.

Kurze **Tischsprüche** und lustige **Nonsensreime** dienen nicht nur der Sprachentwicklung, sondern fördern das Gemeinschaftsgefühl in der Gruppe.

In einer **Bewegungsgeschichte** können sich die Kinder als verwandelte Gummibärchen mal so richtig austoben.

Eine **Massagegeschichte** lädt die Kinder zum Entspannen, Fühlen und Schmunzeln ein, denn die leckerste Geburtstagssuppe der Welt hat ganz spezielle Zutaten.

In einem Test zur Schulung der **Sinne** können die Kinder besonders ihre Geschmacksnerven stimulieren, indem sie mit verbundenen Augen Lebensmittel verkosten.

Ein geheimnisvolles Geschenk

Erzähl-Tipp

Die Geschichte können Sie an der angegebenen Stelle unterbrechen und dadurch einen *Erzählanlass* für die Kinder schaffen. Nach dem Vorlesen der Geschichte können Sie mit den Kindern über Geburtstage und ganz besondere Geschenke sprechen.

Das fördern Sie

- Mit dieser Geschichte erweitern die Kinder ihren Wortschatz zum Thema „Geburtstag": Sie verinnerlichen zentrale Begriffe wie Geschenketisch, Geschenkpapier, wünschen, gratulieren, feiern, Gäste und viele weitere Wörter. Insbesondere durch den Erzählanlass während und nach dem Erzählen der Geschichte, wird der aktive Wortschatz gefestigt, da weitere Begriffe zum Thema angestoßen werden.

Geburtstag! *Theo sprang aus seinem Bett. Er wollte gerade ins Wohnzimmer flitzen, da packten ihn zwei Hände und wirbelten ihn im Kreis herum. „Da ist ja mein* ***Geburtstagskind"****, strahlte ihn seine Mama an und bedeckte sein ganzes Gesicht mit Küsschen. Theo mochte das gar nicht. Aber heute, zu seinem Geburtstag, machte er eine Ausnahme und ließ sich abknutschen. Theos Mama wünschte ihm* ***alles, alles Gute,*** *und dann trug sie ihn ins Wohnzimmer, dahin, wo jedes Jahr der* ***Geschenketisch*** *stand. Jetzt strahlte Theo: „Darf ich alles auspacken?" „Die zwei kleinen Geschenke", antwortete seine Mama. „Das große muss warten." In Windeseile waren die Pakete ausgepackt, und nun strahlte Theo noch mehr. Das* ***Feuerwehrauto*** *hatte er sich so sehr gewünscht, und nun hatte er gleich noch vier bewegliche Feuerwehrmänner in schicken Uniformen bekommen. Theo drückte seine Mama ganz fest und bedankte sich. „Und das große Geschenk?", fragte er dann mit seinem schönsten Lächeln. „Heute Nachmittag, wenn Opa kommt, wird ausgepackt. Er hat es für dich ausgesucht." „Opa? Opa hat mir noch nie so etwas Großes geschenkt. Das ist ja fast so groß wie ich." Neugierig betrachtete er das eingepackte Ding näher. Es sah aus wie ein* ***Riesenhasenkopf*** *mit Ohren und lehnte an der Wand. In der Mitte war es dick wie ein Kasten, unten wurde es schmaler und stand darauf. Aus dem dicken Kasten kamen oben, rechts und links, Antennen raus, die auch mit silbernem* ***Geschenkpapier*** *umwickelt waren. Als er versuchte, ein Stück Papier zur Seite zu schieben und reinzuschauen, rief seine Mama mit ernstem Blick: „Vorsicht! Es könnte explodieren." Erschrocken wich Theo zurück. Machte sie nur Spaß? Später, im Kindergarten,* ***feierten*** *die Kinder mit Theo,* ***gratulierten*** *ihm und* ***wünschten*** *ihm alles Gute. Nur seinen besten Freunden erzählte Theo von dem geheimnisvollen Geschenk. Die wollten alles ganz genau wissen, und Theo beschrieb ihnen die seltsame Form. Dann redeten alle durcheinander, und sie stellten die tollsten Vermutungen an.*

Erzählanlass: *Was könnte in dem geheimnisvollen Geschenk sein?*

Am Nachmittag wieder zu Hause, trafen schon bald die ***Gäste*** *ein. Theos Opa und seine Oma, Tante Katrin, sein Cousin Paul und seine Freunde Linda und Chris. Theo durfte endlich den Riesenhasenohrenkopf auspacken. Zuerst wickelte er das Papier an den Ohren ab. Es waren Griffe. Dann packte er den dicken Kasten aus und zog das Papier nach unten. Und da stand sie. (Spannungspause machen) Eine nagelneue,* ***leuchtend rote Schubkarre.*** *„Jetzt kannst du mir im Garten helfen. Das machst du doch so gern", brummte sein Opa. Theo schnappte sich seine neue Schubkarre, sammelte das herumliegende Papier hinein und drehte gleich ein paar Runden im Wohnzimmer.*

Wenn das Spielzeug nachts erwacht

Geburtstag hat der Maxl **morgen,**
liegt im Bett und macht sich **Sorgen.**
Hat die Mama dran **gedacht?**
Spielzeug für ihn **mitgebracht?**
Der Max kann es erwarten **kaum**,
schon schläft er ein, hat einen **Traum.**
Im Spielzeugladen um **Mitternacht**
war das Spielzeug **aufgewacht.**
Die Uhr schlug zwölf, das Licht ging **an.**
„Aufstehen!“, rief der **Hampelmann.**
Die Puppen aus dem **Puppenhaus**
schauten aus den Fenstern **raus.**
Die Kuscheltiere **allesamt**
kam'n im Laufschritt **angerannt.**
Kuschelteddys, rosa **Schweinchen**
liefen flink auf ihren **Beinchen.**
Knuddellöwen, **Miezekatzen**
schlichen leis' auf ihren **Tatzen.**
Ein Soldat mit dem **Gewehr**
schwang sich auf die **Feuerwehr,**
machte dann das Blaulicht **an**
und fuhr damit zur **Eisenbahn.**
An der Bahnhofs**haltestelle**
stand der Schaffner mit der **Kelle.**
Der Schaffner pfiff, der Zug fuhr **an,**
ein Bagger hing sich hinten **dran.**
Unter einem **Baldachin**
stand ein rotes **Trampolin.**
Darauf hüpften auf und **nieder**
Federbälle immer **wieder.**
Die vielen bunten **Legosteine**
hatten plötzlich alle **Beine.**
Manche tanzten ganz **vergnügt,**
and're schauten sehr **betrübt.**
„Nicht so traurig“, rief der **Kran.**
„Ich heb' euch auf die **Murmelbahn.“**
Sie rutschten auf der Bahn **hinunter,**
schon war'n sie wieder froh und **munter.**
Der Kreisel drehte sich wie **wild**
und knallte an ein **Ritterschild.**
Das fiel mit lautem Krachen **um,**
und es machte ganz laut **bum.**
Alle Autos hupten **dann,**
Alarmanlagen gingen **an.**
Die Roller fuhren kreuz und **quer,**
die Dreiräder schnell **hinterher.**
Endlich kam die **Polizei,**
bald war es mit dem Krach **vorbei.**
„Schluss jetzt!“, rief der **Polizist.**
„Wisst ihr nicht, wie spät es **ist?**
Auf eure Plätze, aber **schnell,**
bald schon wird es draußen **hell!“**
Und hast du nicht **gesehen**
war's auch schon **geschehen.**
Alles war in **Blitzesschnelle**
ruck und zuck an Ort und **Stelle.**
Da schlug der *Max* die Augen **auf.**
„Juchu, Geburtstag – ich freu' mich **drauf!“**

Ideen zum Mitmachen

Fordern Sie die Kinder auf, Ihren Vortrag zu begleiten, indem sie im **Sprechrhythmus** mit ihren Händen **klatschen** oder sich mit den flachen Händen auf Oberschenkel oder Oberarme **klopfen**. Das hilft ihnen, ein Gefühl für Sprachrhythmus, Tempo und Sprachmelodie zu entwickeln. Wenn die Kinder den Reim schon oft gehört haben, können sie die **Reimwörter ergänzen** und zusätzlich den Sprachrhythmus mit den Händen oder Füßen durch Klopfen oder Stampfen begleiten. Das ist natürlich nur etwas für Geübte!

Tipp

Ersetzen Sie den Namen *„Max“* durch den Namen des jeweiligen Geburtstagskindes.

Geburtstagslied

Melodie: traditionell „Weil heute dein Geburtstag ist“ **Text:** Ute Schröder

1.
Der/die… hat Geburtstag heut'.
Da freu'n sich alle Leut'.
Drum lädt er viele Gäste ein,
die gratulieren fein.
(im Rhythmus klatschen)

2.
Der/die … ist der erste Gast,
hat Kuchen mitgebracht.
Viele Kerzen sind darauf.
Kommt, blasen wir sie aus!
(pusten)

3.
Der/die … ist der zweite Gast,
hat Blumen mitgebracht.
Kommt, wir schnuppern mal daran!
Das duftet, Mannomann!
(schnuppern)

4.
Der/die … ist der dritte Gast,
hat ein Geschenk gebracht.
Kommt, wir schütteln mal daran!
Ob man was hören kann?
*(mit beiden Händen schütteln,
an das Ohr halten)*

5.
Und der allerletzte Gast
hat Musik mitgebracht.
Nun tanzen alle ganz geschwind
mit dem Geburtstagskind.
(tanzen)

Ideen zum Mitmachen und Mitsingen

Singen Sie die Strophen vor, und fordern Sie beim nächsten Mal die Kinder auf, in den Gesang mit einzustimmen. Am Ende jeder Strophe können die Kinder die jeweils besungene Aktion, wie z. B. *im Rhythmus klatschen, pusten etc.*, mitmachen. Der Mitmachimpuls fördert das Denken in Zusammenhängen und hilft den Kindern, den Wortschatz leichter zu verinnerlichen. Zusätzlich bekommen sie durch die aktive Beteilung ein Gefühl für die Sprachmelodie und den Sprachrhythmus.

Variation

Dieses Lied kann von den Kindern auch pantomimisch dargestellt werden. Alle Kinder stehen dafür im Kreis. Das Geburtstagskind ist in der Mitte und zeigt auf die Gäste, die kommen sollen. Die genannten Gäste kommen in die Kreismitte und überreichen ihr Geschenk. Alle anderen Kinder spielen pantomimisch zum Textinhalt. Zum Schluss tanzen alle Kinder gemeinsam im Kreis.

Fingerspiel vom Kuchenbacken

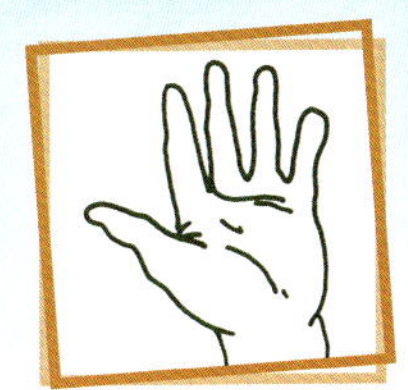

Verse sprechen …	Finger spielen …
Heute woll'n wir Kuchen backen, dazu braucht man viele Sachen,	*Den Zeigefinger einer Hand erheben.*
eine Schüssel auf dem Tisch und die Zutaten ganz frisch.	*Mit der hohlen Hand eine Schüssel formen und auf dem Tisch o. Ä. ablegen.*
Eier, Mehl und Milch und Zucker und zum Schluss die gute Butter, kommen in die Schüssel rein, werden bald ein Kuchen sein.	*Mit Zeigefinger und Daumen der anderen Hand die Zutaten in die Schüssel geben.*
Mit dem großen, langen Löffel rühr'n wir um in uns'rer Schüssel.	*Mit dem gestreckten Zeigefinger in der „Schüssel" rühren.*
Schnell den Teig noch mal versuchen.	*Den „Löffel" in den Mund stecken und geräuschvoll ablecken.*
Mmmm – das wird ein leck'rer Kuchen.	*Den Bauch mit der Hand reiben.*
Liebe Gäste, kommt nun rein, ich lad' euch zum Geburtstag ein.	*Die Kinder heranwinken.*

Das fördern Sie

- Durch die Kombination von gesprochenen Versen und passenden Bewegungen prägen sich die Wortbedeutungen leichter ein. Sie fördern dabei nicht nur die Feinmotorik, sondern gleichzeitig auch den passiven Wortschatz der Kinder. Wenn Sie das Spiel öfters spielen, können die Kinder den Text bald selbst mitsprechen. Damit fördern Sie die Merkfähigkeit, und sie bekommen nicht nur ein Gefühl für den Sprachrhythmus, sondern auch durch das szenischen, betonte Sprechen einen Eindruck von der Sprachmelodie.

Gut zu wissen

Das Fingerspiel eignet sich besonders gut als Vorbereitung für eine gemeinsame Back-Aktion, wenn Sie einem Geburtstagskind Ihrer Gruppe oder vielleicht einer Kollegin gemeinsam einen Kuchen backen wollen.

Geburtstagswörter-Sammelrunde

Das brauchen Sie

- Stühle für alle Kinder; ein großes Blatt Papier; einen dicken Filzstift

Das brauchen Sie für die Variante

- eine Tüte mit kleinen Süßigkeiten oder süßes Obst; einen Teller

Gut zu wissen

Ziel des Spieles ist es, möglichst viele zusammengesetzte Substantive mit dem Wort „Geburtstag" zu finden, wie z. B.:

- Geburtstagslied
- Geburtstagsfeier
- Geburtstagskuchen
- Geburtstagsgedicht
- Geburtstagstorte
- Geburtstagskarte
- Geburtstagsgeschenk
- Geburtstagsparty
- Geburtstagskind
- Geburtstagswunsch
- Geburtstagsständchen
- Geburtstagseinladung
- Geburtstagsüberraschung
- Geburtstagsgast

So geht es

Die Kinder sitzen im Stuhlkreis oder kreisförmig angeordnet auf dem Boden.

Das Geburtstagskind sitzt im Mittelpunkt.

Sie fordern die Kinder auf, zusammengesetzte Wörter mit dem Wort „Geburtstag" zu finden, und nennen ein Beispiel.

Wie viele Wörter können wir gemeinsam finden?

Das Geburtstagskind macht bei jedem richtig genannten Wort einen für alle Kinder sichtbaren dicken Strich oder Punkt auf das Blatt Papier.

Zum Abschluss, wenn den Kindern die Ideen ausgehen, zählen Sie gemeinsam mit den Kindern die Striche bzw. Punkte.

Motivieren Sie die Kinder, dieses Spiel mit anderen Personen (z. B. Geschwistern, Eltern) zu Hause zu spielen. Finden sie mehr Wörter?

Variante

Um das Spiel für die Kinder noch attraktiver zu machen, kann das Geburtstagskind für jedes richtig genannte Wort eine Süßigkeit oder auch süßes Obst, wie z. B. Rosinen, Weintrauben oder kleine Mandarinenstückchen, auf den Teller legen. Am Ende des Spiels darf er dann gemeinsam geplündert werden.

Tipp

Dieses Spiel kann mit jedem beliebigen Substantiv gespielt werden und lässt sich so auch als Pausenfüller für kurze Wartezeiten gut nutzen.

Zum Mitsprechen und Quatschmachen

Gut zu wissen

- Tischsprüche sollten vor jedem Essen als Ritual gesprochen werden, denn sie fördern nicht nur die Sprachentwicklung der Kinder, sondern auch das Gemeinschaftsgefühl der Gruppe.

Das fördern Sie

- Die Quatschreime fördern insbesondere die Konzentration und deutliche Artikulation der Kinder. Sie regen förmlich zum Mitsprechen an, da sich jeder gern darin versuchen will, den ganzen Vers bis zum Ende vorzusprechen. Das ist am Anfang gar nicht so einfach …, aber mit viel Übung bekommen das sicher bald alle Gäste hin.

Tischsprüche

Hoch lebe das Geburtstags**kind!**
Schön, dass wir beisammen **sind.**
Lasst uns trinken, lasst uns **essen**
uns'ren Tischspruch nicht **vergessen.**
Piep, piep, **piep,**
recht guten **Appetit!**

Hurra, hurra, hurra, **hurra,**
das Geburtstagskind ist **da.**
Unser Tisch ist schon **gedeckt.**
Wir hoffen, dass es allen **schmeckt.**

Heut' feiern wir, heut' feiern **wir,**
mit Riesenbratwurst und mit **Bier.**
Zum Nachtisch gibt es lila **Mäuse**
und zum Schluss frittierte **Läuse.**

Keiner zieht 'ne dumme **Schnute,**
keiner ist 'ne dumme **Pute,**
keiner rülpst und pupst am **Tisch,**
denn das Geburtstagskind bin **ich.**

Quatschreime

Zicke, Zacke, Hühnerkacke,
Hisse, Hasse, Kaffeetasse,
Rinne, Ranne, Autopanne,
Miffe, Maffe, Kletteraffe,
Dippe, Dappe, Quitschepappe,
Pille, Palle, Mausefalle.

Ene mene mong,
heute gibt's Bonbon.
Ene mene made,
dann gibt's Schokolade.
Ene mene muss,
zum Schluss gibt's einen Kuss.

Tipp

Die Kinder fassen sich an den Händen, sodass ein Tischkreis entsteht, und wippen mit ihnen gemeinsam im Sprechrhythmus auf und ab.

Ideen zum Mitmachen und Mitsprechen

Zu jeder Geburtstagsfeier gehört es natürlich, auch mal richtig Quatsch zu machen. Mit diesen Tischsprüchen und Quatschreimen bringen Sie ganz leicht gute Stimmung in jede Geburtstagsrunde. Sprechen Sie zusammen mit dem Geburtstagskind an der Kuchentafel einen der lustigen Tischsprüche vor. Dann fordern Sie die Gäste auf, selbst den Spruch noch einmal aufzusagen. Das Geburtstagskind kann dabei helfen. Die Kinder können auch zum Rhythmus des Reimes in die Hände oder auf den Tisch klatschen. Damit fördern Sie zum einem die Merkfähigkeit der Kinder, zum anderen das Gefühl für Sprachmelodie und Sprachrhythmus. Und den Kindern macht es auch noch großen Spaß dabei.

Wilde Gummibärchen

Das brauchen Sie

- Für diese Geschichte benötigen Sie ausreichend Platz. Am besten eignet sich ein Bewegungsraum.

Erzähl-Tipp

Legen Sie an den mit ---- markierten Stellen eine Pause beim Vorlesen ein, damit die Kinder die Mitmach-Bewegungen richtig ausüben können.

Das fördern Sie

- Durch die Kombination von Sprache und Bewegung trainieren Sie gezielt das Wortverstehen, indem die Kinder die Wortbedeutungen aus dem Geschichtenzusammenhang erfassen und sie daraufhin in passende Bewegungen umsetzen. Das festigt den passiven Wortschatz.

*Zu jedem **Geburtstagsfest** gehört eine ordentliche Portion **Gummibärchen.** Stellt euch einmal vor, ihr seid Gummibärchen und liegt verpackt in einer Tüte, und dann passiert etwas Unglaubliches. (Die Kinder legen sich auf den Rücken.) Die Gummibärchen erwachten und reckten und streckten ihre Arme und Beine. ---- Noch ganz schlaftrunken setzten sie sich hin, ---- rieben sich die Augen ---- und sahen sich verwirrt um. ---- Dann standen sie ganz langsam und schwerfällig auf, ---- schaukelten von einem auf das andere Bein hin und her ---- und kamen langsam zu sich. Die Gummibärchen schüttelten ihre Arme und Beine aus. ---- Es war so eng in der **Tüte.** Auf einmal machte es ratsch, und die Tüte riss auf. Mit einem beherzten Sprung sprangen die Gummibärchen nacheinander aus der Tüte. ---- Endlich hatten sie Platz. Vor lauter Freude rannten sie wild durcheinander. ---- Die **roten Gummibärchen** fingen an, zu hüpfen ---- und kreisten dabei mit ihren Armen. ---- Die **grünen Gummibärchen** legten sich hin, ---- rollten sich herum und jauchzten vor Freude. ---- Das sahen die **gelben Gummibärchen** und machten vor lauter Übermut viele Purzelbäume hintereinander. ---- Ein paar ganz mutige versuchten, auf ihren Händen zu laufen, ---- fielen dabei aber meistens um. ---- Ach was hatten die Gummibärchen für einen Spaß. Sie lachten und scherzten, bis ein Gummibärchen die Idee hatte, **Fangen** zu spielen. Sofort rannten die Gummibärchen kreuz und quer herum ---- und jeder versuchte, jeden abzuschlagen. ---- Das war vielleicht ein Durcheinander. Völlig **geschafft** fielen die Gummibärchen auf den Rücken und mussten erst einmal verschnaufen. ---- Sie breiteten die Arme aus und atmeten tief durch. ---- Doch sie waren **voller Elan,** und schon strampelten sie mit den Beinen in der Luft. ---- Wie Käfer, die auf dem Rücken gelandet waren, sahen sie aus. „Lasst uns **tanzen!“,** schlug ein rotes Gummibärchen vor. Schon waren alle wieder auf den Beinen. ---- Jeder suchte sich einen **Tanzpartner** und hakte sich bei ihm mit dem Arm ein. ---- Arm in Arm drehten sich die Tanzpaare im Kreis und hüpfen dabei. ---- Blitzschnell wechselten sie ihre Arme und die Richtung und tanzten anders herum. ---- Das war ein **wilder Tanz** und die Gummibärchen lachten ausgelassen dabei. Da störte ein **warnender Pfiff** das wilde Treiben. (Pfeifen) Mit einem großen Sprung retteten sich die Gummibärchen in ihre Tüte. ---- Der letzte von ihnen verschloss die Tüte, und dann legten sich alle hin und erstarrten. ---- Nichts und niemand bewegte sich mehr, und **kein Mucks** war zu hören.*

Eine Suppe zum Entspannen

Tipp

Da die Massagegeschichte paarweise gespielt wird, sollten Sie den Kindern in der Mitte der Geschichte die Möglichkeit zum Rollentausch geben, oder Sie lesen eine weitere Massagegeschichte mit vertauschten Rollen vor, damit jedes Kind in den Genuss der Massage kommt. Spielen Sie am besten selbst mit und massieren ein Kind. So können die anderen Masseure bei Ihnen sehen, welche Bewegungen sie auf dem Rücken ihrer Partner ausführen müssen.

Das fördern Sie

- In dieser Massagegeschichte erfahren die Kinder die Wortbedeutung mit dem ganzen Körper und genießen die Ruhe und die sanften Berührungen. Das fördert zum einen die taktile Wahrnehmung, und zum anderen hilft es den Kindern, die neuen Wörter in ihren passiven Wortschatz aufzunehmen. Damit ist diese kleine Massagegeschichte eine kleine Entspannungsinsel auf jeder sonst so turbulenten Geburtstagsfeier.

So geht es

Für diese Geschichte finden sich die Kinder paarweise zusammen. Ein Kind legt sich auf den Bauch, das andere Kind ist der massierende Suppenkoch.

Geburtstagssuppe kochen entspannt …

Was, ihr kennt keine ***Geburtstagssuppe?*** *Die gibt es bei mir zu Hause immer, wenn ich Geburtstag habe. Kommt! Macht mit! Ich zeige euch, wie sie zubereitet wird. Zuerst legt ihr alle* ***Zutaten*** *bereit und holt einen Topf, einen Löffel, ein Messer und ein Schneidebrett. Alles da? Dann kann es losgehen. Na, das* ***Brett*** *ist aber ganz schön schmutzig. Putzt es mal ordentlich sauber! (Mit der flachen Hand mehrmals über den ganzen Rücken streichen und pusten.) Zuerst müsst ihr mit dem Messer die große Scheibe* ***Faxenwurst*** *zerschneiden. (Mit dem Zeigefinger kurze Striche nebeneinander malen, erst waagerecht, dann senkrecht.) Die vielen Faxenwurstwürfel schiebt ihr zusammen und werft sie in den* ***Topf*** *hinein. (Die Handkanten beider Hände auf dem Rücken mehrmals aufeinander zu schieben.) Jetzt legt ihr das Stück* ***Quitschkäse*** *auf das Brett, und weil der Käse schön weich und stinkig ist, braucht ihr ihn nur mit dem Daumen zerdrücken. (Mit kleinen Drehbewegungen den Daumen mehrmals in den Rücken drücken.) Die Stückchen schiebt ihr auch zu einem Haufen zusammen und werft sie mit in den Topf. (Die Handkanten beider Hände auf dem Rücken mehrmals aufeinander zu schieben.) Käse und Wurst müssen nun richtig vermengt werden. Dazu nehmt ihr am besten beide Hände und matscht die Zutaten richtig durcheinander. (Mit beiden Händen den ganzen Rücken durchkneten.) Jetzt muss noch der* ***Hampelporree*** *zerschnitten werden. Legt die Stange auf das Schneidebrett, und schneidet sie zuerst der Länge nach durch. (Mit dem Zeigefinger einen langen Strich über den Rücken malen.) Nehmt nun die halben Stangen, und schneidet sie in kleine Stücke! (Auf der eben gemalten Linie mit dem Zeigefinger viele kleine Striche nebeneinander malen.) Hervorragend! Nun zusammenschieben und ab in den Topf damit! (Die Handkanten beider Hände auf dem Rücken mehrmals aufeinander zu schieben.) So, was fehlt noch?* ***Kichererbsen!*** *Lasst sie einfach aus der Tüte in den Topf plumpsen. (Mit allen Fingerspitzen schnell auf dem ganzen Rücken hin und her tippeln.) Und nun müssen die Zutaten noch mal ordentlich vermengt werden. (Mit beiden Händen den ganzen Rücken durchkneten.) Perfekt! Damit die Suppe nun schön kochen kann, schüttet ihr einen Liter* ***Wasser*** *dazu. (Mit den Fingerspitzen in Wellenbewegungen über den Rücken fahren.) Jetzt müssen die Zutaten unter ständigem* ***Rühren*** *zehn Minuten* ***kochen.*** *(Mit dem Zeigefinger auf dem Rücken immer im Kreis fahren.) Fertig ist die leckerste Geburtstagssuppe der Welt. Lasst es euch schmecken!*

Süßes oder Saures?

Gut zu wissen

Zum Geburtstag gibt es oft viele Süßigkeiten und so manch andere Leckerei. Geburtstagstorten werden hübsch dekoriert, Naschteller schön angerichtet. Das erfreut unsere Augen. Doch können wir auch erschmecken, was wir in den Mund stecken, wenn wir es nicht sehen? Kindern fällt das sehr schwer. Ihr visueller Sinn stellt die anderen Sinne oft hinten an. Schulen Sie die Geschmacksnerven der Kinder, und testen Sie, was sie alles am Geschmack erkennen können!

Das brauchen Sie

- ein großes Tuch; ca. 8 Schalen oder kleine Schüsseln; Partyspieße oder Holzspieße je nach Anzahl der Kinder; ca. 8 klein portionierte Nahrungs- und Genussmittel, die möglichst verschiedene Geschmacksrichtungen haben, wie z. B.: *Schokolade, saure Gurke, Wiener Würstchen, Kapern, Gummibärchen, Käsewürfel, Salzstangen, saure Gellefrüchte, Lakritze, Banane, Kiwi …*; Spucknapf (manche Kinder mögen die zu probierenden Nahrungsmittel nicht)

So geht es

Legen Sie ein Tuch auf die mit Nahrungsmitteln vorbereiteten Schalen, sodass sie für die Kinder nicht sichtbar sind. Jedes Kind erhält einen Spieß. Sie haben nun zwei verschiedene Möglichkeiten, das Geschmacksspiel mit den Kindern zu spielen:

1. **Ein Kind** reicht Ihnen den Spieß und schließt die Augen. Sie pieken eine Kostprobe an, und stecken Sie dem Kind in den Mund, welches das Nahrungsmittel erschmecken, benennen und näher beschreiben soll (süß, salzig, bitter, scharf, cremig, hart …). Danach ist ein anderes Kind mit einer anderen Kostprobe an der Reihe.
2. **Alle Kinder** reichen Ihnen ihre Spieße, und Sie verteilen die gleiche Kostprobe aus einer Schale an alle Kinder gleichzeitig. Bevor Sie den richtigen Namen auflösen, lassen Sie sich von allen Kindern ihre Vermutungen ins Ohr flüstern. Diese Variante ist effektiver, da alle Kinder alles kosten können. Sie ist aber höchstens mit acht Kindern durchführbar.

Tipp

Dieses Spiel eignet sich besonders gut, Erzählanlässe zu schaffen. Damit können Sie die Kinder herausfordern, ihren aktiven Wortschatz zu erweitern, und stärken zudem die Kommunikationsfreude der ganzen Gruppe. Mit folgenden Fragen können Sie ganz gezielt die Kinder zum Erzählen bringen:

- Was hat dir am besten geschmeckt? Warum?
- Was hat dir überhaupt nicht geschmeckt? Warum?
- Was hast du noch nie gegessen?
- Was ist dein Lieblingsessen?

Mit der Feuerwehr unterwegs

Wenn die Feuerwehr mit heulender Sirene und Blaulicht durch die Straßen rast, bleiben die Kinder gebannt stehen und schauen ihr hinterher. Wo fährt sie hin? Was ist passiert? Spannende Fragen, die Kinder beschäftigen. Nicht nur die großen Feuerwehrautos mit ihrer imposanten Technik faszinieren Kinder. Das Element der Natur, das Feuer, interessiert sie in vielerlei Hinsicht, seine Entstehung, seine oft vernichtende Wirkung, die heißen Temperaturen und die optischen Erscheinungen. Eine brennende Kerze, ein Feuerzeug, ein Lagerfeuer, die Holzkohle auf dem Grill, wo Feuer ist – hier sind, abgesehen von einigen ängstlichen Kindern, leuchtende Kinderaugen zu sehen. In diesem Kapitel finden Sie unterhaltsame und Wissen vermittelnde Sprachangebote rund um das Thema Feuer und Feuerwehr.

In einer lustigen **Fehlergeschichte** müssen die Kinder genau zuhören, damit sie die Buchstabenverwechslungen erkennen können.

In einer **Reimgeschichte** lernen die Kinder ein einsames, kleines Feuerwehrauto kennen, das sich einen anderen Ort zum Spielen wünscht und ihn schließlich in einem Kindergarten findet.

Das **Lied** „Tü-ta-ta, die Feuerwehr ist da" erzählt den Kindern mit einfachen Worten vom Löschen eines Brandes.

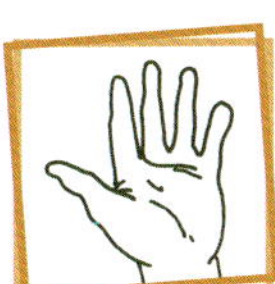

In einem **Fingerspiel** spielen die Kinder die Geschichte vom Feuerwehrmann Benno Reiter mit ihren Händen.

Ein **Kreisspiel** für Vorschulkinder, in welchem die Kinder eine Geheimsprache lernen, fördert besonders die phonologische Bewusstheit und die Artikulation.

Eine bunte Seite mit **Rätseln**, **Tischsprüchen** und **Zungenbrechern** bietet kurzweiligen Spaß und Unterhaltung zu den verschiedensten Gelegenheiten während des Tagesablaufes.

Das **Bewegungsspiel** lässt die Kinder schnell wie die Feuerwehr werden und schult, nach genauem Zuhören, die Reaktionsfähigkeit und den Orientierungssinn der Kinder.

Eine **Entspannungsgeschichte** lässt den anstrengenden Tag des Feuerwehrmannes Willi Funzel zu Ende gehen und bringt ihn und die Kinder zu Bett.

Ein **Experiment** zeigt den Kindern: Feuer braucht Luft. Und es gibt den Kindern die Möglichkeit, von ihren Erfahrungen und Eindrücken im Umgang mit Feuer zu erzählen.

Viel Spaß mit Feuerwehrautos und heulenden Sirenen!

Fehlergeschichte mit Willi Funzel

Erzähl-Tipp

Bevor Sie die Geschichte vorlesen, erklären Sie den Kindern, dass sie gleich ganz genau zuhören müssen, damit sie die Fehler erkennen und berichtigen können. Sprechen Sie sehr deutlich und langsam, damit die Kinder die falschen Vokale und Konsonanten erkennen können.

Das fördern Sie

- Mit dieser Fehlergeschichte erweitern die Kinder ihren Wortschatz zum Thema „Feuerwehr" und schulen gleichzeitig ihre Konzentrationsfähigkeit und das Denken in Zusammenhängen.

Jeden Morgen, pünktlich um 6 Uhr, begann Herr Funzel seinen Dienst in der Feuerwache. Willi Funzel war Feuerwehrmann, und er war verantwortlich für das Tanklöschfahrzeug Nummer 1.

Immer wenn irgendwo in der Stadt oder in der Umgebung die Hilfe der Feuerwehr gebraucht wurde, z. B. wenn ein **Ungeheuer** ---- *(Feuer) ausgebrochen war, musste Herr Funzel sofort losfahren.*

Doch an diesem Morgen war alles in bester Ordnung. Feuerwehrmann Funzel kochte sich erst einmal eine Kanne **Schnee** ---- *(Tee) und aß sein belegtes* **Pfötchen** ---- *(Brötchen). Dabei saß er gemütlich in dem gepolsterten* **Kessel** ---- *(Sessel).*

Da schrillte der Notruf. Ein Feuer in der Lindenstraße 105, im 3. Stock war **ausgestochen** ---- *(ausgebrochen). Willi Funzel und die anderen Feuerwehrmänner sprangen von ihren Sitzen und rannten zu den Rutschstangen, die zu den Fahrzeugen führten. Herr Funzel hielt sich mit den* **Wänden** ---- *(Händen) an einer Stange fest, schlang seine* **Steine** ---- *(Beine) darum, und zisch – war er unten.*

Hier standen die Schränke mit der Schutzbekleidung und die **Froschfahrzeuge** ---- *(Löschfahrzeuge). Zuerst schlüpfte Herr Funzel blitzschnell in den feuerfesten Schutzanzug. Dann setzte er den* **Schelm** ---- *(Helm) auf den* **Topf** ---- *(Kopf), zum Schluss kamen die Stiefel dran. Fertig.*

Die Feuerwehrmänner kletterten in das Löschfahrzeug, und schon öffnete sich das Garagentor. Die **Bart** ---- *(Fahrt) ging los. Als Herr Funzel mit seinem* **toten** ---- *(roten) Tanklöschfahrzeug auf die vielbefahrene* **Nase** ---- *(Straße) einbog, schaltete er das Martinshorn und das* **Fraulicht** ---- *(Blaulicht) ein, um die anderen Fahrzeuge zu warnen.*

Sofort fuhren die Autos, Busse und Lastkraftwagen zur Seite und ließen das Löschfahrzeug vorbei. Das raste durch die **Quadt** ---- *(Stadt) und war nur wenige Minuten nach der Meldung an der* **Brandstulle** ---- *(Brandstelle).*

Dann ging alles ganz schnell. Jeder Feuerwehrmann wusste, was er zu tun hatte, und so konnte der **Strand** ---- *(Brand) ordnungsgemäß gelöscht werden. Die Feuerwehrmänner hatten wieder einmal gute Arbeit* **gelastet** ---- *(geleistet).*

Die kleine, rote Feuerwehr

Es war einmal im **Kinderzimmer,**
Hauke spielte schön wie **immer,**
mit der blauen Eisen**bahn,**
ließ sie durch den Tunnel **fahr'n.**
Auf den Regalen an der **Wand**
das kleine, rote Auto **stand.**
Die Feuerwehr war ganz **verstaubt,**
Hauke hat sie nie **gebraucht.**
„Nun reicht's", sagte die **Feuerwehr,**
„der Hauke will mich gar nicht **mehr.**
Dann fahr' ich eben heimlich **fort**
und such' mir einen ander'n **Ort.**"
Schon fuhr das Auto aus dem **Haus**
auf die große Straße **rauf.**
„Hilfe, was für ein **Verkehr!",**
heulte da die **Feuerwehr.**
„Die großen Autos fahr'n mich **platt,**
wenn niemand ein Erbarmen **hat.**"

Schwups – da kam schon eine **Hand**
und zog sie an den **Straßenrand.**
„Mama, Mama", rief **Renate,**
„sieh, was ich gefunden **habe.**
Eine rote **Feuerwehr,**
die gefällt mir wirklich **sehr.**"
Auf dem Weg zum **Kindergarten,**
konnte sie es kaum **erwarten.**
Im Kindergarten ging **Renate**
stolz zu Anton und **Beate.**
Dann putzten sie das schmutz'ge **Stück,**
bis es blitzte wie **verrückt.**
Die Feuerwehr, sie strahlte **nun**
und hatte mächtig viel zu **tun.**
Alle rissen sich um **sie,**
die Feuerwehr war stolz wie **nie.**

Ideen zum Mitmachen und Mitsprechen

Lassen Sie die Kinder Ihren Vortrag begleiten, indem Sie sie auffordern, das jeweilige **Reimwort zu ergänzen** oder mitzusprechen. Wenn sie den Text noch nicht so häufig gehört haben, geben Sie ihnen Hilfestellung und sprechen die ersten Buchstaben des Reimwortes vor. Je öfter die Kinder den Text gehört und selbst mitgesprochen haben, desto leichter wird es ihnen fallen, die Reimwörter zu vervollständigen. Das macht den Kindern nicht nur Spaß, sondern verbessert auch ihre Artikulation und fördert gleichzeitig den aktiven Wortschatz und die phonologische Bewusstheit.

Diese Reimgeschichte bietet auch die Möglichkeit, den Text durch rhythmisches Klopfen oder Klatschen zu begleiten. Das hilft den Kindern, ein Gefühl für Sprachrhythmus, Tempo und Sprachmelodie zu entwickeln.

Tü-ta-ta, die Feuerwehr ist da!

Melodie: traditionell „ABC, die Katze lief im Schnee" **Text:** Ute Schröder

1.
Tü-ta-ta, die Feuerwehr ist da.
Rollt die Wasserschläuche aus,
rettet alle aus dem Haus.
Refrain:
Tü-ta-ta, die Feuerwehr ist da.

2.
Tü-ta-ta, die Feuerwehr ist da.
Spritzt Wasser auf die Flammen,
es soll das Feuer bannen.
Refrain:
Tü-ta-ta, die Feuerwehr ist da.

3.
Tü-ta-ta, die Feuerwehr war da.
Fährt geschwind zum nächsten Ort,
welche Hilfe braucht man dort?
Refrain:
Tü-ta-ta, die Feuerwehr war da.

Ideen zum Mitmachen und Mitsingen

Dieses Lied eignet sich hervorragend zum Mitmusizieren und Mitsingen. Teilen Sie die Kinder in Musikanten und Sänger ein, und wechseln Sie die Gruppen nach einem Durchgang, sodass jedes Kind mal singen oder musizieren darf.

Die **Musikanten** können das Lied entweder mit **Ratschen oder Schnarren** in den Anfangzeilen und im Refrain jeder Strophe begleiten. Die **Sänger singen** den Text dieser Zeilen mit. Durch die aktive Beteilung prägen sich die Liedstrophen und die Grundschatzwörter zum Thema „Feuerwehr" noch besser ein, und die Kinder üben, die Vokale und den Problemlaut deutlich zu artikulieren.

Fingerspiel mit der Feuerwehr

Verse sprechen …	Finger spielen …
Tatütata, die Feuerwehr ist da. Ein Licht dreht sich auf ihrem Dach, ganz hell und blau, gebt alle acht.	*Eine Hand über den Kopf halten, den Zeigefinger nach oben richten und drehen.*
Und sie trägt die lange Leiter, für den Hauptmann Benno Reiter.	*Einen Unterarm vor dem Oberkörper schräg stellen.*
Der klettert schnell die Leiter rauf,	*Mit Zeige- und Mittelfinger der anderen Hand an dem Arm „hochlaufen".*
nimmt seinen großen dicken Schlauch. Spritzt auf das Feuer bis es zischt und zu guter Letzt erlischt.	*Mit dem Zeigefinger als Schlauch hin und her spritzen.*
Das Feuer, das ist endlich aus, der Benno fährt beruhigt nach Haus.	*In die Hände klatschen.*

Varianten

Anstatt des Vornamens „Benno" können Sie auch den Vornamen eines anwesenden Kindes einsetzen. Damit machen Sie den Kindern eine ganz besondere Freude.

Ideen zum Mitmachen

Fordern Sie die Kinder auf, Ihren Vortrag **pantomimisch** mit den gezeigten Bewegungen **zu begleiten**. Durch die Kombination von gesprochenen Versen und passenden Bewegungen prägen sich die Kinder die Wortbedeutungen erheblich leichter ein. Sie fördern dabei nicht nur die Feinmotorik, sondern gleichzeitig auch den passiven Wortschatz der Kinder.

Geheime Sprache

Das brauchen Sie

- 5 Kärtchen mit den Buchstaben „A", „E", „I", „O", „U"; genügend Stühle für alle Kinder, wenn Sie einen Stuhlkreis bilden wollen

Tipp

Dieses Kreisspiel ist besonders für Vorschulkinder geeignet. Die Kinder kennen zwar nicht die Begriffe und die Bedeutung von „Vokalen" und „Konsonanten", doch sie können die Vokale intuitiv richtig einsetzen.

Idee zum Weitermachen

- Die Kinder können sich auch in der Geheimsprache unterhalten. Fordern Sie sie auf, es selbst zu versuchen und einen der Kartenbuchstaben für ihre Codesprache zu verwenden.

So geht es

Setzen Sie sich mit den Kindern in einen Stuhlkreis oder kreisförmig angeordnet auf den Boden. Dann zeigen Sie jedes Buchstabenkärtchen und lassen die Kinder die einzelnen Buchstaben nennen, oder Sie bezeichnen sie selbst. Daraufhin erzählen Sie eine Geschichte; mit folgenden kurzen Sätzen:

- Das Haus brennt.
- Überall sind Flammen.
- Sie lodern zu den Fenstern hinaus.
- Auf dem Dach steht ein Mann.
- Er ruft um Hilfe.
- Da kommt die Feuerwehr.
- Sie rollt die Wasserschläuche aus.
- Das Wasser spritzt auf die Flammen.
- Die Drehleiter wird ausgefahren.
- Der Rettungskorb schwebt nach oben.
- Der Mann steigt ein.
- Er fährt im Korb hinunter.
- Die Flammen werden immer kleiner.
- Das Feuer erlischt.
- Der Brand ist gelöscht.

Nun sind die Kinder an der Reihe! Fordern Sie sie auf, die Geschichte in Geheimsprache zu erzählen, und behaupten Sie, fünf Geheimsprachen zu kennen, die „A-Sprache", die „E-Sprache", ..., die auch die Kinder lernen können. *(Prinzip von „Drei Chinesen mit dem Kontrabass")*

Lesen Sie immer nur einen der oben genannten Sätze vor, und fordern Sie ein Kind auf, ein Kärtchen aufzudecken und den Satz nachzusprechen, indem es den gezogenen Vokal für alle vorhandenen Vokale im Satz einsetzt. Das Kind legt das Kärtchen wieder verdeckt in die Kreismitte und mischt die Karten neu. Dann folgen der nächste Satz und das nächste Kind.

Beenden Sie die Geschichte mit folgendem Satz, und fragen Sie die Kinder, ob sie die Geheimworte verstanden haben: „Die Gischichti ist zi Indi." *(„Die Geschichte ist zu Ende.")*

Feurige Sprüche und Zungenbrecher

Tipp

Wenn Sie zweisprachige Kinder in Ihrer Gruppe betreuen, nutzen Sie die Gelegenheit, und lassen Sie diese Kinder das Lösungswort in ihrer Sprache nennen.

Rätselhaftes

Im Dunkeln leuchtet's hell.
Holz verbrennt es schnell.
Es ist immer heiß.
Wie heißt das Wort doch gleich?
(Feuer)

Es kann tröpfeln, es kann fließen.
Blumen kann man damit gießen.
Baden kann man darin auch.
Trinkt man es, schwimmt es im Bauch.
(Wasser)

Die Fahrzeuge der Feuerwehr,
lieben alle Kinder sehr.
Wisst ihr, wie die Leuchte heißt,
die oben auf dem Dache kreist?
(Blaulicht)

Es gibt kurze, es gibt lange,
rechts und links ist eine Stange.
Viele Sprossen hat sie dran,
an denen man hochklettern kann.
(Leiter)

Tischsprüche

Schnell wie uns're Feuerwehr
essen wir die Teller leer
und den Durst, eins, zwei, drei,
löschen wir ganz nebenbei.

Ta-tü-ta-ta,
das Essen, das ist da.
Das schmeckt gut und ist gesund,
und der Bauch wird kugelrund.

Zungenbrecher-Varianten

1. Wer kann den Satz fehlerfrei ganz schnell nachsprechen?
2. Wer kann den Satz fehlerfrei 3-mal hintereinander sagen?
3. Wer kann die Wörter sinnvoll vertauschen?

Zungenbrecher

Das brennende Brennholz brannte prima.
(Prima brannte das brennende Brennholz.)

Ohne Feuerwehr wäre das Feuerlöschen schwer.
(Schwer wäre das Feuerlöschen ohne Feuerwehr.)

In Feuerland verfeuern die Feuerwehrmänner die Feuerlöscher.
(Die Feuerlöscher verfeuern die Feuerwehrmänner in Feuerland.)

Eine brennende Brennnessel brannte brenzlig.
(Brenzlig brannte eine brennende Brennnessel.)

Es brennt! – Alles rettet sich!

Das brauchen Sie

- Für dieses Spiel benötigen Sie ausreichend Platz. Ein Bewegungsraum oder ein großes Zimmer sind am besten geeignet.

Gut zu wissen

- Dieses Bewegungsspiel ist angelehnt an das Spiel „Ein Schiff geht unter".

Das fördern Sie

- Durch die Kombination von Sprache und Bewegung trainieren Sie gezielt das Wortverstehen, indem die Kinder die Wortbedeutungen aus dem genannten Zusammenhang erfassen und den gesuchten Gegenstand gezielt ansteuern. Das festigt die Wortbedeutung im passiven Wortschatz und fördert gleichzeitig die Entwicklung der Grobmotorik.

So geht es

Die Kinder bewegen sich langsam gehend kreuz und quer durch den Raum.

Sie sind die Spielleitung und geben die Anweisungen:

Bei den Worten „Es brennt!" erstarren die Kinder in ihren Bewegungen.

Bei den Worten „Alles rettet sich …!" *(Begriff einfügen)* rennen die Kinder schnellstmöglich zu dem genannten Gegenstand.

Sind alle Kinder dort angekommen, folgt sogleich der nächste Brand, sodass die Kinder immer in Bewegung sind. Welche Gegenstände Sie auswählen, hängt von den örtlichen Gegebenheiten ab. Hier einige Möglichkeiten:

- „… an der Tür!"
- „… am Fenster!"
- „… an der Wand!"
- „… an einem Tisch!"
- „… an einem Schrank!"
- „… auf einer Turnbank!"
- „… an der Sprossenwand!"

Variante für Könner

Sie können das Spiel noch schwieriger gestalten, indem Sie nicht nur Gegenstände, sondern auch verschiedene Positionen verwenden, die die Kinder einnehmen sollen, so z.B:

- „… auf dem Rücken liegend!"
- „… auf dem Bauch liegend!"
- „… im Schneidersitz!"
- „… in der Hocke!"

Tipp

Dieses Bewegungsspiel können Sie **mit** oder **ohne** Ausscheiden eines Kindes spielen. Mit Ausscheiden bedeutet: Das letzte Kind, welches den Gegenstand erreicht, scheidet in jeder Runde aus, bis der Sieger übrig bleibt. Ist die Altersmischung der Spielteilnehmer sehr groß, ist jedoch davon abzuraten, da erfahrungsgemäß die jüngeren Kinder immer zuerst ausscheiden würden.

Ein anstrengender Tag

Tipp

Diese Entspannungsgeschichte ist zum Vorlesen vor dem Mittagsschlaf besonders gut geeignet. Bevor Sie beginnen, sollten alle Kinder bereits auf ihren Schlafstellen liegen und sich gemütlich in ihre Bettdecke einmurmeln.

Das fördern Sie

- Die Kinder erfahren bei dieser Geschichte die Wortbedeutung mit dem ganzen Körper und genießen die Ruhe. Das fördert zum einen die Konzentration und Fantasie der Kinder und zum anderen die Erweiterung ihres passiven Wortschatzes.

Herr ***Funzel*** *schlüpfte unter seine* ***Bettdecke,*** *kuschelte sich ein und lächelte zufrieden. Was für ein anstrengender Tag das doch gewesen war, dachte der* ***Feuerwehrmann.*** *Nun, da er zur Ruhe kam, spürte er es in allen Gliedern. Seine* ***Beine*** *waren schwer vom vielen Treppensteigen in dem brennenden Hochhaus, genauso seine* ***Arme. Vier Kinder*** *musste er durch das enge Treppenhaus die vielen Stufen heruntertragen. Und weil es sehr schnell gehen musste, hatte er gleich* ***zwei Kinder*** *auf einmal getragen, eines rechts auf dem Arm, das andere links. Das hatte* ***viel Kraft*** *gekostet. Doch alle Menschen konnten aus dem Haus gerettet werden, und niemand kam zu Schaden.*

Herr Funzel lächelte wieder zufrieden und schloss die ***Augen.*** *Was für einen schönen, interessanten und abwechslungsreichen* ***Beruf*** *er doch hatte, dachte Willi Funzel. Ja, der Beruf war anstrengend, das stimmte, aber in der* ***Nacht*** *konnte er sich ausruhen und neue Kräfte sammeln.*

Morgen würde er wieder fit, kräftig und schnell sein und seine Aufgaben als Feuerwehrmann erledigen. Vielleicht musste er morgen mit der langen ***Drehleiter*** *des Feuerwehrautos eine Katze vom Baum holen oder einen Vogel einfangen. Vielleicht musste er bei einem* ***Verkehrsunfall*** *helfen, ausgelaufenes Wasser abpumpen oder umgestürzte Bäume von einer Straße beseitigen. Vielleicht war wieder irgendwo ein* ***Brand zu löschen,*** *in einem Haus, einer Lagerhalle, einem Waldstück oder in einer Mülltonne. Herr Funzel wusste nie, was ihn am nächsten Tag erwarten würde. Jeder neue Tag war aufregend und spannend, und jeder neue Tag zeigte ihm, wie wichtig seine Arbeit war.*

Lächelnd *lag Herr Funzel in seinem Bett und spürte nicht mehr seine müden Arme und Beine. Der Feuerwehrmann war eingeschlafen und atmete gleichmäßig ein und aus. Sein Körper erholte sich im Schlaf, und Herr Funzel merkte gar nichts davon. Er* ***träumte*** *von einem lila Feuerwehrauto, mit dem er über den Wolken flog, und die Menschen jubelten ihm von der Erde aus zu.*

„Und ihr, Kinder, könnt jetzt auch schlafen und träumen, vielleicht von einem grünen Feuerwehrauto mit schwarzen Punkten? Oder von einer ganz, ganz langen Feuerwehrleiter, auf der ihr bis zu den Sternen steigen könnt. Macht die Augen zu, und lasst euch überraschen!"

Feuer-Experimente

Das brauchen Sie

- eine feuerfeste Unterlage; ein Teelicht; ein großes und ein kleines Glas

So geht Experiment 1

1. Entzünden Sie ein Teelicht, und stellen Sie es auf die bereitgelegte feuerfeste Unterlage.
2. Lassen Sie die Kinder die Flamme beobachten.
3. Nehmen Sie das kleine Glas, und stülpen Sie es über das Teelicht.
4. Die Flamme erlischt nach ca. vier Sekunden. Warum?
5. Lassen Sie die Kinder ihre Vermutungen äußern.
6. Fassen Sie das Ergebnis zusammen: *Wie der Mensch die Luft (Sauerstoff) zum Atmen braucht, so braucht Feuer Luft zum Brennen. Ist die Luft im Glas verbraucht, geht die Flamme aus.*

So geht Experiment 2

1. Entzünden Sie wieder das Teelicht.
2. Zeigen Sie den Kindern das große Glas, und fragen Sie, was passiert, wenn Sie dieses Glas über die Flamme stülpen.
3. Lassen Sie die Kinder ihre Vermutungen äußern.
4. Stellen Sie das Glas über das Teelicht. Die Flamme erlischt nach ca. zehn Sekunden (abhängig von der Größe des Glases).
5. Warum brennt die Flamme länger?
6. Lassen Sie die Kinder ihre Erklärungen äußern.
7. Fassen Sie das Ergebnis zusammen: *Im großen Glas befindet sich mehr Luft als im kleinen, darum brennt die Flamme länger.*

Das fördern Sie

- Mit den Feuer-Experimenten fordern Sie die Wahrnehmung der Kinder heraus und regen sie an, in Zusammenhängen zu denken. Die Kinder können dabei sowohl ihren aktiven als auch ihren passiven Wortschatz zum Thema Feuer ganz nebenbei erweitern.

Ideen zum Weitermachen und Erzählen

Wie kann man das Wissen aus den Experimenten weiter nutzen? Folgend einige Beispiele für Sie, wie Sie die Ergebnisse der Experimente weiter vertiefen können:

- Ein kleines Lagerfeuer oder Holzkohle auf dem Grill brennt schneller, wenn man Luft zufächelt.
- Brennt es in einem Raum, müssen alle Fenster und Türen geschlossen werden, damit keine frische Luft in den Raum gelangt und sich das Feuer nicht schnell ausbreiten kann.
- Kleine Feuer können nicht nur mit Wasser gelöscht werden, man kann sie auch ersticken, indem man z. B. eine Decke über die Brandstelle wirft.

Zur Zeit der Dinosaurier

Woher kommt die Faszination unserer Kinder für die Dinosaurier? Liegt es daran, dass diese urzeitlichen Tiere mit ihrem Aussehen ihrem Namen „Schreckensechse" alle Ehre machen? An der ungeheuren Größe der meisten Arten? Oder an der Tatsache, dass diese Tiere niemand je lebend gesehen hat und unser Wissen darüber nur fossilen Funden, wie Knochen, Spuren, Zähnen, Kotballen und Eiern, zu verdanken ist?

Fest steht, Dinosaurier sind eines der Lieblingsthemen der Kinder, welches im folgenden Kapitel mit vielfältigen Sprachangeboten die Kinder zum Mitmachen animiert.

Eine lustige **Quatschgeschichte** fordert von den Kindern genaues Zuhören, um die falschen Wörter im Text zu erkennen und mit lautem Getrampel anzuzeigen.

In einer spannenden **Reimgeschichte** erzählen Sie von ihrem Ausflug in einen Saurierpark, wo sie von einem Tyrannosaurus Rex angegriffen werden.

In einem **Lied** erleben die Kinder mit, wie ein kleines Dinosaurierbaby aus einem Ei schlüpft und heranwächst.

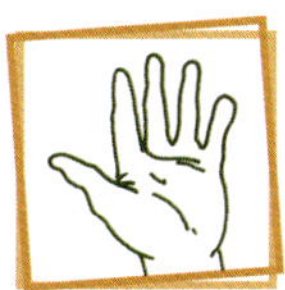

In einem **Fingerspiel** lernen die Kinder die Langhälse Dinoli und Dinolatt kennen und spielen deren Geschichte mit Händen und Armen mit.

Das **Kreisspiel** „Stille Dinopost" macht den Kindern nicht nur Spaß, es fördert auch den aktiven Wortschatz, die Artikulation und die Merkfähigkeit der Kinder.

Die **Abzählreime** sind auf Grund ihrer Kürze von den Kindern sehr schnell lernbar und können im gesamten Tagesablauf verwendet werden.

In einer **Bewegungsgeschichte** von Pflanzenfresser und Fleischfresser müssen die Kinder genau zuhören und ihre Reaktionsfähigkeit zeigen.

Eine **Fantasiereise** nimmt die Kinder mit in die Urzeit, die Zeit der Dinosaurier, und bietet einen guten Erzählanlass.

Die Sinne der Kinder werden beim **Gestalten** einer Dinosaurierlandschaft aus Naturmaterial und Knete angesprochen, und es ergeben sich viele Erzählanlässe.

Viel Spaß mit kleinen und großen Dinos!

Stegosaurus Quatschus

Erzähl-Vorbereitung

- Die Kinder sitzen im Halbkreis auf dem Boden. Nachdem Sie den Titel der Geschichte vorgelesen haben, schaffen Sie zuerst einen Erzählanlass, indem Sie die Kinder ihr Wissen über den Stegosaurus zusammentragen lassen.
  Danach fordern Sie die Kinder auf, genau zuzuhören und immer, wenn Sie Quatsch vorlesen, mit den Füßen auf den Boden *zu trampeln*.

Gut zu wissen

- Die falschen Wörter sind für Sie im Text markiert.

Tipp

Überlegen Sie mit den Kindern zusammen, welche Wörter besser an Stelle der Quatschwörter in die Geschichte passen. Lesen Sie dafür noch einmal ganz langsam die entsprechenden Stellen vor. Wenn sie für alle Quatschwörter die richtigen Begriffe gefunden haben, können die Kinder sie beim Vorlesen an den entsprechenden Stellen laut ergänzen.

Hintergrundwissen für den Erzähler

Der **Stegosaurus** war ein Pflanzenfresser, der bis zu 9 m lang wurde. Er hatte einen massigen Körper und lief auf seinen Vorder- und Hinterbeinen, wobei die Vorderbeine etwas kürzer waren. Sein Kopf war verhältnismäßig klein. Entlang des Rückens bis hin zum Schwanz trug er eine Doppelreihe von Knochenplatten. Am Schwanzende saßen große, spitze Stachel, mit denen er Feinde abwehren konnte.

Die Quatschgeschichte vom Stegosaurus Quatschus …

Ein alter, fauler Stegosaurus lag unter einem Baum und döste vor sich hin. Plötzlich hörte er etwas knurren und hob seinen kleinen Kopf. Da war es wieder, diesmal noch länger und noch lauter. ***Quatschus*** *erhob sich von seiner* ***Luftmatratze*** *und lauschte. Ah – da war es wieder. Es war sein Magen, der meldete, dass es Zeit für das Abendessen war.*
Quatschus zog seine ***Schuhe*** *an und ging los. Zuerst wollte er etwas trinken und lief gemächlich zur Wasserstelle. Er nahm einen kräftigen Schluck von der* ***Himbeersoße*** *und überlegte, was sein Abendmahl sein könnte. Ein paar Gräser und Farne wären nicht schlecht und zum Nachtisch einige saftige Früchte von den Bäumen. Darauf hatte er Appetit.*
Der alte Stegosaurus stampfte in Richtung der Bäume. Unterwegs zupfte er hier ein Hälmchen, da ein Blättchen und dort ein ***Spiegelei*** *vom Boden. Als er an einem Strauch vorbeikam, konnte er nicht widerstehen. Er musste die leckeren* ***Kaugummis*** *einfach kosten.*
Endlich war Quatschus an den Bäumen angekommen. Doch die Früchte hingen viel zu hoch. Ja, wäre er ein Langhals, er hätte sie mit Leichtigkeit erreicht. Aber der Stegosaurus hatte nur einen kurzen Hals, kurze Beine und kurze ***Flügel.*** *Nachdenklich umrundete der Dino den Baum und hatte eine Idee. Er schlug mit seinem kräftigen Schwanz gegen den Baumstamm, dass dieser erzitterte. Und schon plumpsten die reifen Früchte und die frisch* ***gebackenen Brötchen*** *herunter. Das war ein Festmahl. Quatschus schlug sich den Bauch voll, bis nichts mehr in die* ***Ohren*** *passte.*
Nach dieser Anstrengung brauchte er unbedingt eine Pause. Er machte es sich wieder bequem und rekelte sich gemütlich in einem ***Liegestuhl.***

Reimgeschichte „Im Saurierpark"

Gestern ist mir was **passiert,**
mein Leben habe ich **riskiert.**
Ich packte meine sieben **Sachen,**
wollte einen Ausflug **machen.**
Ich überlegte gar nicht **lang,**
zum Dinopark fuhr ich **sodann.**
Dort kann man spazieren **gehen**
und Dinosaurier **besehen.**
Diese stehen steif und **stumm**
in dem Dinopark **herum.**
Plötzlich, ich war ganz **perplex,**
sah ich Tyrannosaurus **Rex.**
Doch der stand nicht nur so **da.**
Er brüllte laut, als er mich **sah.**
Mit einem Satz sprang er zu **mir.**
Ich zitterte vor diesem **Tier.**
Als er nach mir schnappen **wollte,**
wusst' ich nicht, wohin ich **sollte.**
Ziellos rannte ich **herum,**
doch der Dino war nicht **dumm.**
Er nahm die Verfolgung **auf,**
mit Gebrülle und **Geschnauf.**
Ich rannte wie die **Feuerwehr**
und der Dino **hinterher,**
sah den Ausgang schon vor **mir,**
eine große, schwere **Tür,**
flitzte durch und warf sie **zu.**
Endlich gab der Dino **Ruh'.**
Durchs Schlüsselloch sah ich **zurück,**
kein Dino da, was für ein **Glück.**
Genauso hat sich's **zugetragen.**
Wer mir nicht glaubt, der soll es **sagen!**

Ideen zum Mitmachen und Mitsprechen

Lesen Sie die Reimgeschichte beim ersten Mal vollständig vor, denn wenn die Kinder die Reimwörter erst noch suchen müssen, während Sie vortragen, geht die Spannung der Geschichte ganz verloren. Wenn die Kinder die Geschichte schon oft gehört haben und kennen, fällt es ihnen leichter, die passenden Reimwörter zu ergänzen. Teilen Sie dafür die Kinder in **zwei Gruppen** auf. Die Kinder der ersten Gruppe **rufen** jeweils das zum Text **passende Reimwort,** die Kinder der anderen Gruppe begleiten Ihren Vortrag, indem sie im **Sprechrhythmus** mit den flachen Händen abwechselnd auf ihre Oberschenkel und Schultern **klopfen.** In der nächsten Runde tauschen die Gruppen ihre Aufgaben.

Das fördern Sie

Das rhythmische Begleiten hilft den Kindern, ein Gefühl für Sprachrhythmus, Tempo und Sprachmelodie zu entwickeln. Wenn die Kinder die Reimwörter ergänzen, macht das ihnen nicht nur Spaß und verbessert ihre Artikulation, sondern fördert gleichzeitig auch ihren aktiven Wortschatz und das phonologische Bewusstsein, denn sie entwickeln auch hierbei ein Gefühl für den Sprachrhythmus und die Sprachmelodie.

Lied vom kleinen Dinobaby

Melodie: traditionell „Häschen in der Grube" **Text:** Ute Schröder

1.
Ein kleines Dinobaby lag in seinem Ei,
lag in seinem Ei,
brach die harte Schale durch,
und schon war es frei,
Refrain:
brach die harte Schale durch,
und schon war es frei.

2.
Ein kleiner Dinosaurus wuchs ganz
schnell heran,
wuchs ganz schnell heran,
wurde immer kräftiger,
ging zum Jagen dann,
Refrain:
wurde immer kräftiger,
ging zum Jagen dann.

3.
Ein großer, starker Dino streifte
durch das Land,
streifte durch das Land,
suchte eine Frau für sich,
bis er sie dann fand,
Refrain:
suchte eine Frau für sich,
bis er sie dann fand.

Ideen zum Mitmachen und Mitsingen

Singen Sie die Strophen einmal vor, damit die Kinder den Text kennen. Fordern Sie die Kinder dann auf, bei den folgenden Wiederholungen in den **Refrain** mit **einzustimmen.** Durch die Textwiederholungen bekommen die Kinder die Gelegenheit, ihre Artikulation zu verbessern, und entwickeln phonologische Bewusstheit. Außerdem erweitern sie ihren aktiven Wortschatz zum Thema „Dinos". Wer das Lied schon sehr gut kennt, kann natürlich die ganzen Strophen mitsingen.
Das Lied eignet sich hervorragend zum **pantomimischen Mitmachen.** Fordern Sie die Kinder auf, passende Bewegungen zum Text mit dem ganzen Körper zu machen. So können die Kinder mit ihren Händen z. B. das Dino-Ei formen und durch wippende Bewegungen mit dem Kopf, das Aufpicken der Eierschale darstellen. Sicher fallen den Kindern weitere passende Bewegungen zum ganzen Text ein. Mit den Bewegungen prägen sich die Grundschatzwörter viel besser ein.

Fingerübungen mit Dinoli und Dinolatt

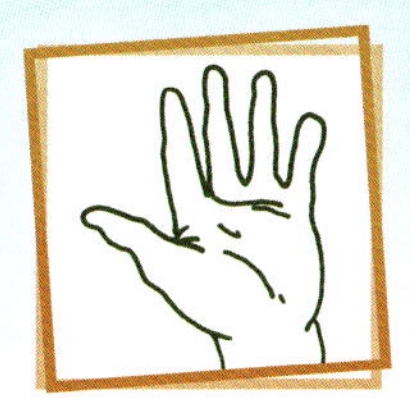

Verse sprechen …	Finger spielen …
Vor langer, langer, langer Zeit gab es Dinos weit und breit.	*Ein Arm stellt Dinoli dar, der andere Dinolatt.*
Das ist Langhals Dinoli, die hat Schnupfen – hatschi.	*Dinoli hinter dem Körper vorholen.* *Beim Niesen mit der Hand nicken.*
Und der heißt Dino Dinolatt, hat immer Hunger, ist nie satt.	*Dinolatt hinter dem Körper vorholen, in weitem Abstand zu Dinoli halten.*
Die beiden laufen ganz gemach durch den schönen Sonnentag.	*Beide Arme hin und her bewegen.*
Dinoli sucht einen Mann, mit dem sie durch die Welt zieh'n kann.	*Dinolis Kopf suchend hin und her bewegen.*
Da hat sie Dinolatt entdeckt, doch der fällt sofort um vor Schreck.	*Dinoli zu Dinolatt bewegen.* *Dinolatt umfallen lassen.*
Sie geht hin und schnuppert dran, was für ein Duft von einem Mann.	*Dinoli hinunterbeugen und an Dinolatt schnuppern lassen.*
Sie packt ihn vorsichtig am Kopf und zieht ihn wieder hoch am Schopf.	*Dinoli Dinolatt am Kopf hochziehen lassen.*
Dankbar lächelt er sie an, und was, meint ihr, passiert dann? *Pause* Sie zwicken sich und zwacken sich und raufen sich ganz ordentlich.	*Mit den Mäulern von Dinoli und Dinolatt zuschnappen.*

Das fördern Sie

- Durch die Kombination von gesprochenen Versen und passenden Bewegungen prägen sich die Wortbedeutungen leichter ein. Sie fördern dabei nicht nur die Feinmotorik, sondern gleichzeitig auch den passiven Wortschatz der Kinder. Wenn Sie das Fingerspiel öfters spielen, können Sie auch prima die Merkfähigkeit der Kinder herausfordern, indem die Kinder den Text mitsprechen sollen. Dabei bekommen sie ein Gefühl für Sprachrhythmus und Sprachmelodie.

Tipp

Ziehen Sie zwei verschiedenfarbige Socken über die Hände und Arme, bevor Sie die Geschichte spielen. Mit kleinem Aufwand können Sie den Dinos auch noch Knopfaugen annähen.

Stille Dinopost

Gut zu wissen

Ziel des Spieles ist es, eine Nachricht flüsternd im Kreis herumzuschicken, bis sie möglichst wieder richtig beim Absender ankommt. Dazu müssen die Kinder die Worte deutlich artikulieren. Trotzdem entsteht mitunter ein lustiger Buchstaben- oder Wortsalat, der den Kindern Spaß macht.

Das brauchen Sie

- genügend Stühle für alle Kinder oder Sitzkissen, wenn Sie das Spiel auf dem Boden spielen wollen

So geht es

Die Kinder sitzen im Stuhlkreis. Denken Sie sich ein Wort zum Thema Dinosaurier aus und flüstern es mit vorgehaltener Hand ihrem Nachbarn ins Ohr. Der flüstert das verstandene Wort genau so an seinen Nachbarn weiter, ohne nachzufragen, wenn das Wort nicht richtig verstanden wurde. Das letzte Kind sagt das zu übermittelnde Wort laut. Sollte die Nachricht am Ende nicht richtig angekommen sein, sagt der Absender sie laut.

Dinopost-Varianten

- Sagen Sie nur ein Wort, z. B. „Dinosaurier" oder „Langhals"
- Sagen Sie einen kurzen Satz, z. B. „Ein Dino hat Schnupfen."
- Sagen Sie einen langen Satz, z. B. „Wenn die Dinosaurier kommen, verstecke ich mich unterm Tisch".
- Sagen Sie komplizierte Sauriernamen, z. B. „Dilophosaurus", „Halticosaurus", „Baronyx", „Plesiosaurus", „Styracosaurus", „Titanosaurus" oder „Velociraptor".

Tipp

Wenn Sie das Spiel mit den Kindern schon öfters gespielt haben oder auch schon das Dino-Thema intensiver vertieft haben, können sich die Kinder der Reihe nach eine Nachricht ausdenken und flüsternd weiter übermitteln.

Zum Abzählen und Quatschmachen

Eins, zwei, **drei,**
ein Dino legt ein **Ei.**
Vier, fünf, **sechs,**
kommt Tyranno **Rex.**
Der nimmt das **Ei,**
schlägt es **entzwei,**
du bist **dabei.**

Ene, mene, **Dinokacke,**
auf dem Schwanz hat er 'ne **Zacke.**
Ene, mene, **Dinodreck,**
und du bist **weg.**

Ene, mene, **Dinomaul,**
renne weg, und sei nicht **faul.**
Sonst schnappt der Dino **zu,**
und weg bist **du.**

Eins, zwei, drei, vier, fünf, sechs, **sieben,**
wer will Dinopupse **riechen?**
Der macht einen **Schritt**
und kommt mit mir **mit.**

Das fördern Sie

- Die Dino-Abzählreime fördern, neben der Fantasie und Konzentration, insbesondere auch das Wortverstehen und den aktiven Wortschatz der Kinder. Außerdem fördern sie das Wissen und Denken in thematischen Zusammenhängen.

So geht es

Betonen Sie beim Abzählen jede Silbe eines jeden Wortes. Zeigen Sie dabei bei jeder Silbe der Reihe nach auf ein Kind, z. B. *e-ne, me-ne, Di-no-maul.*

Endet der Spruch mit dem Ausscheiden eines Kindes, und mehrere Kinder stehen zur Wahl, muss der Spruch so lange wiederholt werden, bis ein Kind übrig bleibt.

Gut zu wissen

Abzählreime bieten eine Vielzahl von Einsatzmöglichkeiten im gesamten Tagesablauf. Hier einige Beispiele:

- Ein Kind soll ausgewählt werden, das das Spiel beginnen darf, das eine bestimmte Aufgabe erledigen darf …
- Ein Streit soll geschlichtet werden. Wer hatte das Spielzeug zuerst?
- Eine Wartezeit soll überbrückt werden.
- Oder einfach nur zum Spaß.

Pflanzenfresser und Fleischfresser

So geht es

Die Kinder laufen, während Sie die Geschichte vorlesen, langsam im Kreis. Die Geschichte enthält zwei Reaktionswörter, „Pflanzenfresser“ und „Fleischfresser“. Wenn Sie eines dieser Wörter vorlesen, müssen die Kinder sofort reagieren und die vorher für jedes Wort festgelegte Bewegung schnell ausführen. Dann laufen die Kinder weiter, bis sie das nächste Reaktionswort hören. Diese Bewegungen können es z. B. sein: *einmal um die eigene Achse drehen, Richtungswechsel, Hockstrecksprung, Kniebeuge* oder *Hampelmann.*

Das fördern Sie

- Durch die schnelle Kombination von Sprache und Bewegung trainieren Sie nicht nur das Reaktionsvermögen und die Konzentrationsfähigkeit der Kinder, sondern auch gezielt ihr Wortverstehen.

Die Dinosaurier ziehen los …

Eine Herde Dinosaurier zog langsam über die weite Ebene. Es waren ***Pflanzenfresser ----*** *und sie waren auf der Suche nach Futter. In der Ferne sahen die Tiere schon das grüne, dichte Buschwerk mit großen Farnen und saftigen Blattpflanzen. Das Leittier der* ***Pflanzenfresser ----*** *führte die Herde genau in diese Richtung. Die Tiere wussten nicht, dass sie schon lange beobachtet wurden. In dem Buschwerk lauerten* ***Fleischfresser ----.*** *Fünf Raptoren waren ebenfalls auf der Suche nach Nahrung und hatten ihre Beute schon ausgemacht, ein Tier der Herde der* ***Pflanzenfresser ----.*** *Die Raptoren verharrten bewegungslos und ließen die Herde näher kommen. Dann verteilten sich die fünf* ***Fleischfresser ----****, versteckt hinter großen grünen Blättern. Sie wollten die* ***Pflanzenfresser ----*** *einkreisen. Da spürte der Anführer der heranziehenden Herde etwas. Das Tier roch die Gefahr, blieb stehen und warnte damit die anderen. Nun drängten sich die Dinosaurier dicht zusammen. Die Jungtiere der* ***Pflanzenfresser ----*** *wurden in der Mitte beschützt. Das gefiel den* ***Fleischfressern ----*** *gar nicht, denn sie hatten es auf ein Jungtier abgesehen. An die großen ausgewachsenen* ***Pflanzenfresser ----*** *wagten sie sich nicht heran. Zu kräftig konnten die mit ihren stachelbesetzten Schwänzen um sich schlagen und die viel kleineren* ***Fleischfresser ----*** *lebensgefährlich verletzen. Die Herde* ***Pflanzenfresser ----*** *blieb einfach stehen und wartete. Die* ***Fleischfresser ----*** *wurden unruhig. Nichts geschah. Die* ***Fleischfresser ----*** *lauerten auf die* ***Pflanzenfresser ----*** *und die* ***Pflanzenfresser ----*** *warteten auf den Angriff der* ***Fleischfresser ----.*** *Doch die Herde gab ihre Stellung nicht auf. Wie eine Mauer beschützten die ausgewachsenen Tiere ihre Jungen. Nach einer Ewigkeit des Wartens gaben die Raptoren auf. Die* ***Fleischfresser ----*** *verzogen sich und machten sich auf die Suche nach einer anderen Beute. Die* ***Pflanzenfresser ----*** *hatten zusammengehalten und gesiegt.*

Fantasiereise in die Urzeit

Erzähl-Tipp

Lesen Sie die Geschichte langsam vor, und machen Sie kleine Pausen zwischen den Absätzen, sodass die Kinder Zeit haben, die gehörten Worte in fantastische Bilder umzusetzen.

Erzählanlass

- Was wäre, wenn die Dinosaurier nicht ausgestorben wären? Wären sie immer noch die Herrscher der Erde?

Stellt euch vor, wir könnten die ***Zeit zurückdrehen,*** *wie die Zeiger einer Uhr. Nicht nur eine Stunde, einen Tag oder ein Jahr. Nein, wir stellen die Uhr* ***Millionen Jahre*** *zurück, bis in die Urzeit, die Zeit* ***der Dinosaurier.*** *Hier gibt es keine Städte, keine Dörfer, keine Schiffe, keine Flugzeuge und keine Straßen. Wer sollte sie gebaut haben? Die Menschen existieren zu dieser Zeit* ***noch nicht.*** *Die* ***Erde*** *wird nur von Tieren bewohnt, und in besonders großer Zahl und Vielfalt von den Dinosauriern. Einige* ***Arten,*** *wie der* ***Barosaurus,*** *leben in großen* ***Herden*** *zusammen und ziehen gemeinsam über das Land auf der Suche nach* ***Nahrung****. Andere Arten streifen in kleinen* ***Rudeln*** *durch die Gegend, und wieder andere, wie der* ***Tyrannosaurus Rex,*** *gehen als* ***Einzelgänger*** *auf die Jagd nach Beute. Es gibt über* ***500 verschiedene Arten*** *der Dinosaurier, manche groß wie eine Katze, andere haben die Größe eines mehrstöckigen Hauses. Es gibt Dinos, die* ***auf vier Beinen laufen,*** *und welche, die sich nur auf den* ***Hinterbeinen*** *fortbewegen. Die* ***Fleischfresser*** *unter den Dinosauriern, die scharfe Zähne und meist auch scharfe Krallen haben, machen Jagd auf kleinere* ***Pflanzenfresser.*** *Die schützen sich mit ihren gut sichtbaren Waffen, abstehenden Platten und Stacheln auf dem Rücken und dem Schwanz, wie der* ***Stegosaurus.*** *Der* ***Ceratopsier*** *verteidigt sich mit spitzen Hörnern auf seinem Kopf. Die Pflanzenfresser ernähren sich von Blättern, Gräsern, Schachtelhalmen und Riesenfarnen, die viele Meter hoch werden. Zwischen den Pflanzen, den Nadel- und Ginkgobäumen tummeln sich Frösche und viele kleine und große Insekten. In den* ***feuchten Gebieten*** *der Flusstäler ist es warm, und deshalb drängen sich unzählige Pflanzen zusammen, die alle üppig wachsen können. Es gibt aber auch* ***heiße, trockene Landstriche,*** *die einer Wüste ähnlich sehen.* ***Vulkane*** *erheben sich und lassen ihren Rauch aus den Kratern steigen. Erloschene Vulkane und* ***Erdbeben*** *haben ganze* ***Gebirge*** *entstehen lassen, die sich weit über das Land erstrecken. Über diesen Landschaften schweben die Herrscher der Lüfte, riesige* ***Flugdinosaurier,*** *die mit ihren gewaltigen Flügeln und ihrer ledrigen Flughaut ihre schweren Körper durch die Lüfte tragen können. Manche sind groß wie ein Segelflugzeug, andere klein wie ein Rabe. Sie gleiten dicht über der Wasseroberfläche und ergreifen Fische mit ihren Schnauzen, die mit vielen spitzen Zähnen versehen sind. Doch der größte Teil der Erde ist mit* ***Wasser*** *bedeckt. In dessen Tiefen leben* ***Riesenschildkröten,*** *fleischfressende* ***Reptilien, Meereskrokodile,*** *die sich mit schlängelnden Bewegungen ihres Ruderschwanzes fortbewegen,* ***Haie und Saurier.*** *Manche Meeressaurier sehen aus wie Echsen mit Ruderfüßen, andere haben eine delfinähnliche Gestalt. Die* ***Urzeit*** *wird von den Sauriern beherrscht, im Wasser, auf dem Land und in den Lüften.*

Saurierlandschaft selbstgemacht

Bevor die Saurierlandschaft gebaut wird …

Zur Einstimmung auf das Thema können Sie z. B. folgende Möglichkeiten nutzen:

1. Sie lesen die vorangegangene Geschichte „Fantasiereise in die Urzeit" vor, in der Tiere und Landschaften beschrieben werden.
2. Sie beginnen mit der Frage: „Wer von euch hat schon einmal einen Saurierpark besucht?" und lassen die Kinder von ihren Erlebnissen erzählen.

Das brauchen Sie

- eine feste große Unterlage, z. B. starke Pappe, Holzbrett, Tablett; eine Knetunterlage für jedes Kind; verschiedenfarbige Knete; Modellierstäbe; Naturmaterial (Steine, Stöcke, Wurzeln, Blätter, Gräser …)

So geht es

Die große Unterlage, auf welcher die Saurierlandschaft entstehen soll, liegt in der Mitte des Arbeitsplatzes für alle Kinder sichtbar. Jedes Kind erhält eine Knetunterlage, die anderen Utensilien (Knete, Stäbe, Naturmaterial) werden auf den Arbeitsplätzen der Kinder verteilt. Dann dürfen die Kinder Vorschläge machen, was auf der Saurierlandschaft entstehen soll. So könnten sie z. B. folgendes Kneten oder mit Naturmaterial herstellen:

- Dinosaurier
- Bäume
- Büsche, Pflanzen
- Steine, Steinhaufen
- Wasserstelle
- Höhle
- Gebirge, Berge
- Vulkan
- Sauriernest mit Eiern

Überlegen Sie zusammen, wie die Ideen am besten umgesetzt werden können. Lassen Sie die Kinder mit den unterschiedlichen Materialien experimentieren.

Das fördern Sie

- Das Gestalten mit Knete und Naturmaterialien regt besonders gut die Fantasie und Wahrnehmung der Kinder an. Zusätzlich fördern Sie durch die intensive Beschäftigung mit dem Thema über mehrere Tage, dass die Kinder ihren aktiven und passiven Wortschatz zum Thema „Dinosaurier" erheblich erweitern.

Tipp

Die Saurierlandschaft muss nicht sofort fertigwerden. Die Kinder dürfen neues Zusatzmaterial an- und einbauen, das sie z. B. während ihres Aufenthaltes im Freien finden. Geben Sie den Kindern Zeit. Sie werden immer neue Ideen haben, und so kann sich das Projekt über Tage hinziehen und entwickeln. Die Landschaft sollte deshalb einen Platz im Raum bekommen, an dem sie immer sicht- und verfügbar ist. Das Blättern in einem Dinosaurierbuch mit vielen verschiedenen Arten von Dinos kann die Kinder auf neue, vielfältige Umsetzungsideen bringen.

Manege frei im Zirkuszelt

Alle Kinder gehen gern in den Zirkus. In der bunten und leuchtenden Atmosphäre des Zirkuszeltes mit den vielen Zuschauern und der Manege, lassen sich die Kinder von den Darbietungen der Akteure begeistern. Sie lachen über die Clowns, staunen über die Tricks des Magiers, beobachten fasziniert die Tierdressuren und bewundern die Akrobaten und Artisten bei ihren Kunststücken. Mit diesem Kapitel können die Kinder, immer eingebunden in Sprachangebote, mit Spiel, Spaß, Gesang, Zauberei, Bewegung und Entspannung in die bunte Welt des Zirkus eintauchen.

In der **Mitmach-Geschichte** vom Zirkusdirektor Bonnifazius sind Sie nicht allein der Erzähler, die Kinder erzählen aktiv mit, indem sie Ihnen Wörter, die zum Inhalt passen, zurufen.

In einer **Reimgeschichte** lernen die Kinder den Clown Timpetamm kennen und haben Gelegenheit, seine alberne Vorstellung selbst mit den entsprechenden Bewegungen zu spielen.

Mit einem munteren **Lied** als Begleitung, können die Kinder eine lange Zirkusschlange bilden und so durch den Raum oder das ganze Haus ziehen.

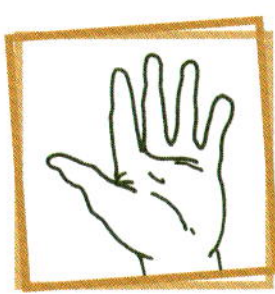

Ein einfaches **Fingerspiel** von zwei Zirkusflöhen, die ihre Kunst zeigen, fördert bei den Kindern nicht nur die Sprachentwicklung, sondern auch die feinmotorischen Fähigkeiten.

Ein **Kreisspiel** sorgt für eine ganz besondere Art der Unterhaltung, die bei den Kindern prima ankommt und nebenbei die Artikulation fördert.

Eine Seite mit **Rätseln**, **Zungenbrechern** und **Schnellsprechsätzen** bietet kurzweilige Unterhaltung und erweitert den Wortschatz der Kinder.

In einem **Bewegungsspiel,** in dem die Kinder pantomimisch Zirkusszenen darstellen, fördern Sie das Sprachverstehen und die Umsetzung von Sprache in Bewegung.

Ein **Flüsterreim** lässt nicht nur die Zirkusakteure zur Ruhe kommen, sondern sorgt auch bei den Kindern für Entspannung.

Mit einem **Zaubertrick** können Sie die Kinder als geheimnisvoller Magier verblüffen und anschließend für Staunen oder Lachen sorgen, wenn Sie den Trick verraten.

Viel Spaß mit Magiern, Clowns und anderen Zirkusgestalten!

Was ist denn heut im Zirkus los?

Erzähl-Tipp

Diese Mitmach-Geschichte erzählen Sie mit den Kindern gemeinsam. An den mit ---- markierten Stellen entscheiden die Kinder über den Inhalt und rufen Ihnen passende Wörter zu. Sollten viele Kinder gleichzeitig ihre Ideen nennen, ist immer ein anderes Kind, der Reihe nach, dran. Für den recht unwahrscheinlichen Fall, dass die Kinder keine Vorschläge machen sollten, stehen „Notfallwörter" für Sie in der Klammer bereit.

Das fördern Sie

- Diese Mitmach-Geschichte eignet sich hervorragend als Einstieg in das Thema „Zirkus". Die Kinder erweitern ihren Wortschatz zum Themenbereich und verinnerlichen zentrale Begriffe wie *Zirkusdirektor, Wohnwagen, Zirkuszelt, Gehege, Clown* und viele weitere Wörter. Durch die aktive Beteilung an der Erzählung wird zusätzlich die Fantasie der Kinder angeregt.

Herr Bonnifazius ist ***Zirkusdirektor*** *im Zirkus Bammbolo. Er ist ein sehr strenger Direktor. Alle, die im Zirkus arbeiten, müssen immer pünktlich sein, die Tiere immer gefüttert, die Ställe und Käfige immer sauber sein. Herr Bonnifazius achtet darauf, dass es im* ***Zirkuszelt*** *blitzt und glänzt, und jeden Morgen verteilt er die Arbeiten an seine Mitarbeiter. Dazu ist ein Direktor schließlich da. Doch eines Tages war alles anders. Herr Bonnifazius kam aus seinem* ***Wohnwagen,*** *trat auf die Bananenschale, die auf der Treppe lag, rutschte aus und krachte die Treppe hinunter. Das Bein war gebrochen, der Krankenwagen kam und nahm den Zirkusdirektor mit ins Krankenhaus. Nun war keiner mehr da, der sagte, was zu tun sei, und so spielten Tiere und Menschen verrückt. Der* ***Affe Bimbo*** *kletterte aus seinem Käfig und sprang zum Fenster hinaus. Dann schwang er sich auf ---- (ein Motorrad) und machte einen Ausflug in die Stadt. Dort kletterte er auf ---- (eine Laterne) und bewarf die Leute mit ---- (Eiern). Das hatte der* ***Clown*** *beobachtet. Er kratzte sich nachdenklich an ---- (der Pobacke) und dachte: „Da werde ich mir auch einen schönen Tag machen und meinen Freund besuchen, den starken ---- (Riesen)." Mit einem Purzelbaum kullerte er aus seiner Wohnwagentür und knallte an ---- (eine Kiste). Aua, das hatte weh getan. Der Clown rieb sich die Beule an ---- (der Nase). Nun hatte er keine Lust mehr, seinen Freund zu besuchen, und legte sich lieber auf ---- (die Wiese), um ein wenig zu schlafen. Die* ***Lamas*** *wurden unruhig in ihrem* ***Gehege.*** *Niemand brachte ihnen Futter. Gleich in der Nähe des Zirkusplatzes stand ein Baum. Daran hingen leckere ---- (Melonen). Die Lamas trampelten die Zäune nieder und spazierten gemächlich über den Platz, hin zu dem Baum. Auch der* ***Löwe*** *hatte inzwischen mächtigen Hunger. Er brüllte so laut, dass es ganz weit zu hören war, bis in die Stadt namens ---- (Pillepim). Mit seinen mächtigen Tatzen bog der Löwe die Gitterstäbe auseinander und zwängte sich hindurch. Er schlich zur* ***Futterküche,*** *und dort entdeckte er eine große Schüssel mit ---- (Bratwürsten). Gierig schlang er alles hinunter. Davon bekam er Durst und sah sich um. Schon entdeckte er eine Flasche mit ---- (Tomatensaft) und trank sie aus. Dann rülpste er laut und setzte sich zufrieden auf ---- (einen Strohhaufen). Als der* ***Jongleur*** *die* ***Bauchtänzerin*** *besuchen wollte und den Löwen sitzen sah, lief er vor Schreck gegen ---- (ein Trampolin) und fiel um. In seinem Kopf sah er lauter Sterne und plötzlich das Gesicht des Direktors über sich.* ***Herr Bonnifazius,*** *mit seinem Gipsbein, schüttelte verwundert den Kopf und fragte: „Was ist denn heut' im Zirkus los?"*

Reimgeschichte vom Clown Timpetamm

Kommt in meine bunte **Welt**,
kommt herein ins **Zirkuszelt**!
Seht mal, was ich alles **kann**,
ich, der Clowni **Timpetamm**.
Mit vom Körper abgespreizten
Armen und Beinen stehen.

Mit dem Köpfchen **nicken**
Mit dem Kopf nicken.
und die Arme **knicken**.
Die Unterarme nach unten drehen.
Baumeln dann an mir herum,
didel, didel, didel, **dumm**.
Die Arme hin und her baumeln lassen.

In die Hände **klatschen**,
In die Hände klatschen.
dann mach' ich noch **Faxen**.
Zappel' mit den **Beinen**,
Abwechselnd mit den Beinen zappeln.

tu' meine Zunge **zeigen**.
Die Zunge rausstrecken.

Wackel mit den **Ohren**,
Die flachen Hände hinter die Ohren
legen und hin und her bewegen.

tu' in der Nase **bohren**.
Mit dem Zeigefinger am Nasenloch bohren.

Drehe mich im Kreis **herum,**
und zum Schluss, da fall' ich **um**.
Den ganzen Körper um die eigene Achse
drehen und hinfallen lassen.

Alle Leute lachen **dann**,
über mich, den **Timpetamm**.
Kinder lachen.

Ideen zum Mitmachen und Mitsprechen

Diese Reimgeschichte eignet sich hervorragend zum **Mitmachen.** Fordern Sie die Kinder auf, mit ihrem Körper **pantomimisch** das Gesagte darzustellen. Bevor die Kinder das selbstständig machen können, zeigen Sie ihnen zunächst, welche Bewegungen sie machen können. Dadurch fordern Sie nicht nur ihre grobmotorische Geschicklichkeit heraus, sondern auch die Fähigkeit, in Zusammenhängen zu denken.

Wenn die Kinder den Reim schön öfters gehört haben, können sie natürlich auch **die Reimwörter ergänzen** oder den ganzen Text mitsprechen und sich passend dazu bewegen. Das macht nicht nur viel Spaß und verbessert die Artikulation, sondern fördert gleichzeitig auch den aktiven Wortschatz und die phonologische Bewusstheit, denn die Kinder entwickeln hierbei ein Gefühl für den Sprachrhythmus und die Sprachmelodie.

Lied vom Zirkus

Melodie: traditionell „Wer will fleißige Handwerker seh'n" **Text:** Ute Schröder

1.
Wer will mit in den Zirkus geh'n
und die bunten Clowns anseh'n?
Refrain:
Hängt euch dran, hängt euch dran,
zum Zirkus geht es da entlang.

2.
Wer will mit in den Zirkus geh'n
und die Tigershow anseh'n?
Refrain:
Hängt euch dran, hängt euch dran,
zum Zirkus geht es da entlang.

3.
Wer will mit in den Zirkus geh'n
und die Akrobaten seh'n?
Refrain:
Hängt euch dran, hängt euch dran,
zum Zirkus geht es da entlang.

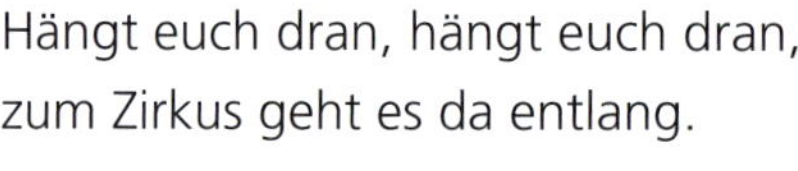

Tipp

Das Lied können Sie mit anderen Zirkusattraktionen beliebig erweitern. Mögliche Alternativbegriffe sind z. B.:

- Pferdedressur
- Zaubershow
- Elefanten
- Jongleur
- Artisten

Ideen zum Mitmachen

Dieses Lied lädt zum Bilden einer langen Kinderschlange ein. Machen Sie den Anfang, und holen Sie bei jeder Strophe einige Kinder von ihren Plätzen ab, die sich bei Ihnen bzw. dem letzten Kind anhängen. Laufen Sie kreuz und quer mit der immer länger werdenden Zirkusschlange durch das Zimmer oder vielleicht durch das ganze Haus.

Fingerspiel mit kleinen Zirkusflöhen

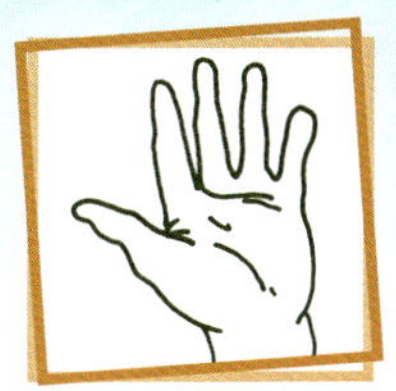

Verse sprechen …	Finger spielen …
Zwei kleine Zirkusflöhe springen auf den Tisch.	*Die Fäuste mit erhobenen Zeigefingern nebeneinander schnell auf dem Tisch ablegen.*
Sie machen einen Knicks und begrüßen sich.	*Die sich gegenüberstehenden Zeigefinger einknicken und wieder strecken.*
Zwei kleine Zirkusflöhe hopsen auf und ab, ist der eine oben, fällt der andere hinab.	*Die Hände mit erhobenen Zeigefingern abwechselnd nach oben und unten bewegen.*
Zwei kleine Zirkusflöhe schlagen Purzelbaum, immer, immer schneller, man sieht sie kaum.	*Die Zeigefinger schnell umeinander drehen.*
Zwei kleine Zirkusflöhe nehm'n sich bei der Hand, hopsen nun gemeinsam, jeder, wie er kann.	*Die Zeigefinger ineinanderhaken und auf und ab bewegen.*
Zwei kleine Zirkusflöhe dreh'n sich in der Luft, wirbeln rum im Kreise, fall'n herunter, buff.	*Mit den Fäusten und ausgestreckten Zeigefingern große Kreise beschreiben und auf den Tisch fallen lassen.*

Das fördern Sie

- Durch die Kombination von gesprochenen Versen und passenden Bewegungen prägen sich die Kinder die Wortbedeutungen leichter ein. Sie fördern dabei nicht nur die Feinmotorik, sondern auch den aktiven Wortschatz der Kinder. Denn wenn Sie das Spiel öfters spielen, fordern Sie die Merkfähigkeit der Kinder heraus, und sie können bald den Text mitsprechen. Dadurch bekommen sie nicht nur ein Gefühl für den Sprachrhythmus, sondern das szenische, betonte Sprechen hilft ihnen zusätzlich, die Sprachmelodie zu verinnerlichen.

Tipp

Malen Sie auf die Fingerkuppen Ihrer beiden Zeigefinger je ein fröhliches Gesicht.

Eine lustige Unterhaltung

Das brauchen Sie

- für jedes Kind einen Streifen feste Pappe oder Karton (ca. 2 cm x 6 cm); Stühle oder Sitzkissen für alle Kinder

So geht es

Die Kinder sitzen im Stuhlkreis oder kreisförmig angeordnet auf dem Boden.

Jedes Kind erhält einen Pappstreifen.

Sie erklären den Kindern, dass Sie sich auf eine andere, lustige Art mit ihnen unterhalten wollen.

Sie beginnen die Spielrunde, indem Sie den Pappstreifen mit den Zähnen festhalten, sich an ihren Nachbarn wenden und erzählen: „Ich war gestern im Zirkus."

Nun fordern Sie ihren Nachbarn auf, auch den Streifen mit den Zähnen zu halten und so zu fragen: „Was hast du dort gesehen?"

Sie denken sich ein Tier oder eine Person aus und nennen dieses/diese, ebenfalls mit dem Streifen zwischen den Zähnen. So geht die Unterhaltung der Reihe nach weiter.

Ihr Nachbar wendet sich nun an seinen Nachbarn mit der Feststellung: „Ich war gestern im Zirkus." Der fragt wieder: „Was hast du dort gesehen?" Das Kind denkt sich eine Antwort aus. Alles wird mit dem Pappstreifen zwischen den Zähnen gesprochen, was bei den Kindern für Belustigung sorgt, da die Unterhaltung etwas komisch klingt.

Idee zum Weitermachen

Probieren Sie zum Abschluss, einmal mit allen Kindern einen Satz gemeinsam zu sprechen, z. B.: „Ich habe einen Clown im Mund, darum spreche ich so seltsam." Oder „Ein Magier hat meine Zähne zusammengeklebt." Sie fördern damit die Artikulation der Kinder und schärfen ihren Hörsinn, da sie den Text natürlich richtig und komplett nachsprechen sollen. Gleichzeitig fordern Sie auch die Fantasie der Kinder heraus, da sie sich passende Antworten auf die Fragen einfallen lassen müssen und sich in die bunte Zirkuswelt so gut, es geht, hineinversetzen können.

Variation für Könner

Wenn Sie das Spiel öfters gespielt haben und die Kinder die Sätze gut aussprechen können, ändern Sie die Spielregel: Bei jeder Frage heben die Kinder gleichzeitig ihre Arme in die Luft. Das bei jedem Wort! Die Arme müssen schnell gestreckt und in den Wortpausen rasch gesenkt werden. Der Nachbar, der die Frage beantwortet, darf nur antworten, wenn er ebenfalls gleichzeitig bei jedem Wort seine Arme hoch in die Luft ausstreckt.

Zirkus-Rätsel und Zungenbrecher

Zirkus-Rätsel

Wer begrüßt im Zirkuszelt
Zuschauer aus aller Welt?
Auf dem Kopf einen Zylinder,
ja so lieben ihn die Kinder.
(Zirkusdirektor)

Bunte Sachen hat er an,
Schminke trägt er auch, der Mann.
Wenn er seine Faxen macht,
jeder ganz begeistert lacht.
(Clown)

Er ist groß und grau und dick.
Man sieht es auf den ersten Blick,
seine Nase ist so lang,
dass er damit spielen kann.
(Elefant)

Sie sehen aus wie große Katzen,
scharfe Krallen an den Tatzen.
Wenn der Dompteur die Peitsche schwingt,
vom Podest ein jeder springt.
(Tiger oder Löwe)

Zungenbrecher und Schnellsprechsätze

Die tanzende Seiltänzerin tänzelt auf dem Seil.
(Auf dem Seil tänzelt die tanzende Seiltänzerin.)

Der zauberhafte Zirkus zog zügig zum Zeltplatz.
(Zum Zeltplatz zog zügig der zauberhafte Zirkus.)

Artisten ertasten den Kasten.
(Den Kasten ertasten Artisten.)

Clown Klaus klatscht klasse.
(Klasse klatscht Clown Klaus.)

Der Dompteur geht zum Frisör.
(Zum Frisör geht der Dompteur.)

Elf Elefanten fanden elf Pfannen.
(Elf Pfannen fanden elf Elefanten.)

Ideen zum Mitmachen

Stellen Sie eine der folgenden Fragen, und fordern Sie die Kinder zum Mitmachen heraus:

- Wer kann den Satz fehlerfrei ganz schnell nachsprechen?
- Wer kann den Satz fehlerfrei 3-mal hintereinander sagen?
- Wer kann die Wörter sinnvoll vertauschen?

Wir wollen in den Zirkus!

Das brauchen Sie

- Für dieses Bewegungsspiel brauchen Sie ausreichend Platz, am besten eignet sich dafür ein Bewegungsraum oder eine Fläche im Freien.

So geht es

Alle Kinder stehen in einer Linie nebeneinander.

Ein Kind ist der Zirkusdirektor, der Fänger, und steht ihnen in einem Abstand von mindestens 10 m gegenüber.

Die Kinder rufen im Chor dem Zirkusdirektor zu: „Wir wollen in den Zirkus!"

Der Zirkusdirektor ruft zurück: „Wer seid ihr denn? Was könnt ihr denn?"

Die Kinder beratschlagen nun, welche Zirkusgestalt sie **pantomimisch** darstellen wollen und mit welchen Bewegungen man das machen könnte.

Sind sich die Kinder einig geworden, stellen sie, jeder für sich, hinter ihrer Linie die **Zirkusfigur** pantomimisch dar, die der Fänger erraten muss.

Ruft er die dargestellte Tätigkeit, das Tier oder die Person falsch, reagieren die Kinder nicht und machen mit ihren Bewegungen weiter.

Errät er die Gestalt richtig, müssen die Parteien schnell die Seiten wechseln.

Der Fänger versucht während des Seitenwechsels ein Kind abzuschlagen, welches in der nächsten Runde der Zirkusdirektor ist.

Die Kinder rufen wieder im Chor: „Wir wollen in den Zirkus!" …

Tipp

Verwenden Sie ein kleines Accessoire, welches den Zirkusdirektor als solchen zu erkennen gibt, z. B. *einen Umhang, eine Fliege, einen Zylinder, eine Trommel* … Dieses wird immer an den jeweiligen Zirkusdirektor weitergegeben.

Das fördern Sie

Durch die Kombination von Sprache und Bewegung trainieren Sie gezielt das Wortverstehen, indem die Kinder die Wortbedeutungen aus dem Zusammenhang erfassen und mit einer passenden Bewegung pantomimisch darstellen müssen. Das festigt die Wortbedeutung im passiven Wortschatz und zugleich die Entwicklung der grobmotorischen Fähigkeiten der Kinder.

Flüsterreim „Das Licht geht aus"

Erzähl-Tipp

Bevor Sie den Flüsterreim vortragen, sollten Sie für eine entsprechende Atmosphäre, also Ruhe und eine entspannte Position der Kinder sorgen. Sehr gut eignet sich dieser Reim zum Vorlesen vor dem Mittagsschlaf. Lesen Sie den Reim zu Beginn in normaler Lautstärke vor, und werden Sie im weiteren Verlauf immer leiser. Hinweise zum Vorlesen befinden sich im Text.

Das fördern Sie

- Mit diesem Flüsterreim erfahren die Kinder die Wortbedeutung mit dem ganzen Körper und genießen die Ruhe. Das fördert zum einen die Wahrnehmung, und zum anderen hilft es den Kindern, die Wörter in ihrem passiven Wortschatz zu verankern. Damit bietet diese kleine Zirkus-Flüstergeschichte eine willkommene Auszeit im turbulenten Zirkusleben.

Und so geht der Flüsterreim …

Im Zirkus geht das Licht nun **aus,**
die Zuschauer, sie geh'n nach **Haus.**

Sie haben gestaunt, geklatscht und **gelacht**
und die Artisten mit Jubel **bedacht.**

Jetzt ist es dunkel im **Zirkuszelt,**
und Stille kehrt ein in der **Zirkuswelt.**
(leiser sprechen)

Der Löwe gähnt in seinem **Käfig.**
Der große Tiger schnarcht ein **wenig.**

Die Pferde stehen ruhig im **Heu.**
Der schwarze Hengst, er wiehert **scheu.**
(noch leiser sprechen)

Der dicke, graue **Elefant**
lehnt sich gemütlich an die **Wand.**

Selbst der flinke Affe **Brain**
kuschelt sich ins Körbchen **ein.**
(flüstern)

Lassen wir sie schlafen **nun,**
denn morgen gibt es viel zu **tun.**

Dann zeigen sie im **Zirkuszelt**
ihre Kunst, die uns **gefällt.**

Die verschwundene Münze

Das brauchen Sie

- eine Münze; ein blickdichtes Tuch; einen geheimen Mitwisser

So geht es

Verblüffen Sie die Kinder mit einer **Zauberaufführung.** Verkleiden Sie sich als Magier in der Manege mit Hut, Umhang oder Zauberstab, und sorgen Sie für eine geheimnisvolle Atmosphäre und Spannung in ihrem Gruppenraum.

Zauberanleitung

Als Erstes müssen Sie ihren geheimen Mitwisser einweihen, aber so, dass die anderen Kinder nichts davon bemerken. Danach beginnt die eigentliche Vorstellung:

Sie zeigen den Kindern die Münze, drehen sie hin und her und legen sie dann gut sichtbar auf ihre Handfläche.

Nun bedecken Sie die Münze mit dem Tuch.

Danach halten Sie die Hand mit dem Tuch einigen Kindern hin und bitten sie, ihre Hand unter das Tuch zu schieben, zu fühlen, ob die Münze noch da ist, und dies zu bestätigen.

Zuletzt halten Sie Ihre Hand Ihrem geheimen Mitwisser hin, der nicht nur nach der Münze fühlt, sondern sie heimlich in seine Hand nimmt und unbemerkt verschwinden lässt.

Nun schwingen Sie den Zauberstab und murmeln den geheimen Zauberspruch:

Hokus, pokus, fidibus,
Spinat, Soße, Apfelmus,
hokus, pokus, eins, zwei drei,
seht nun meine Zauberei.
Hokus, pokus, Zauberfleck,
die Münze zauber ich jetzt weg.

Ziehen Sie das Tuch langsam weg.
Die Münze ist verschwunden. Die Kinder staunen.

Idee zum Weitermachen

Nach der Vorstellung können Sie den Trick den staunenden Kindern erklären und sie motivieren, ihn einmal selbst vor Publikum (zu Hause oder mit Freunden) auszuprobieren. Bieten Sie ihnen an, den Trick zu üben.

Im Wald und auf der Wiese

Wald und Wiese sind für Kinder ein Paradies zum Erleben, Entdecken, Erkunden und Erfühlen. Unzählige Pflanzen, wie Bäume, Sträucher, Gräser, Kräuter, Blumen, Farne und Moose, bieten den Lebensraum für die verschiedensten Tiere: kleine Nager und Säuger, Vögel, Schnecken, Würmer, Spinnen, Raupen, Käfer, Fliegen, Schmetterlinge, Libellen, Heuschrecken, Frösche, Schlangen, Eidechsen und Ameisen. Leider wächst die Mehrheit der Kinder in Städten auf, in denen der Mensch die Natur zugepflastert hat. Umso wichtiger ist es, jede Gelegenheit zu nutzen, die Natur zu entdecken. Eine sprachliche Entdeckungsreise in den Wald und auf die Wiese können Sie mit den Kindern im folgenden Kapitel unternehmen.

Eine **Geräuschgeschichte** nimmt die Kinder mit in den Wald, wo sie die Stimmen des Waldes nachahmen können.

Eine **Reimgeschichte** von der Raupe Billebaus, die ihren Freund Billebamms besuchen will, lädt die Kinder zum Reimen ein.

In einem lustigen **Lied** erfahren die Kinder die Geschichte von dem Frosch und der Fliege Summsesumm, mit der es ein unglückliches Ende nimmt.

Ein einfaches **Fingerspiel** nimmt die Kinder mit auf eine Wiese, wo ihre Finger die Bewegungen einer Pusteblume und deren Samen spielen können.

In dem **Kreisspiel** „Ich packe meinen Rucksack" nehmen Sie die Kinder auf eine Wanderung mit und fördern den aktiven Wortschatz der Kinder, ihre Merkfähigkeit und Fantasie.

Eine Seite mit **Rätseln** rund um die Natur erweitert Wissen und Wortschatz der Kinder und fördert das genaue Zuhören und Denken.

Ein **Rollenspiel**, in dem die Kinder zu Tieren und Bäumen werden, lädt die Kinder zum Darstellen und szenischen Sprechen ein.

Eine **Massagegeschichte** erzählt von vielen kleinen Tieren, die die Kinder über den Rücken eines anderen Kindes laufen lassen können.

Ein **Geruchsexperiment**, bei dem die Kinder verschiedene Düfte der Natur erriechen können, schult den Geruchssinn der Kinder und bietet einen guten Erzählanlass.

Viel Freude und schöne Entdeckungsreisen in grünen Paradiesen!

Stimmen des Waldes

Erzähl-Tipp

An den mit ---- markierten Stellen können entweder Sie selbst oder die Kinder die entsprechenden Geräusche machen. Geben Sie den Kindern an den passenden Stellen ein Zeichen, z. B. indem Sie den Zeigefinger erheben.

Das fördern Sie

- Mit dieser Geräuschgeschichte erweitern die Kinder ihren Wortschatz zum Themenbereich „Wald und Wiese": Sie verinnerlichen zentrale Begriffe, wie *Förster, Wald, Baumstämme, Lichtung, Tiere* und viele mehr. Insbesondere das Mitmachen und Nachahmen der Geräusche, fördert das Denken in Zusammenhängen und das aktive Zuhören.

Svenjas Onkel Helmut war von Beruf ***Förster,*** *und heute durfte sie ihn in den* ***Wald*** *begleiten. Als die beiden am Hochsitz ankamen, durfte Svenja zuerst die große Leiter, die aus* ***Baumstämmen*** *zusammengenagelt war, hochklettern. Oben auf dem* ***Hochsitz*** *war es sehr eng. Aber diese Aussicht! Svenja pfiff begeistert durch die Zähne ---- und sah sich um. „Setz dich", sagte Onkel Helmut zu Svenja. „Ab jetzt müssen wir mucksmäuschenstill sein und uns möglichst wenig bewegen." „Geht klar", meinte Svenja und setzte sich gespannt hin. Inzwischen war es schon fast dunkel geworden. Wartend saßen Svenja und ihr Onkel, mit den* ***Ferngläsern*** *in der Hand, in dieser herrlichen Vollmondnacht auf dem Hochsitz. In der Ferne hörte man den Ruf eines* ***Uhus,*** *4-mal zählte Svenja mit. ---- Wäre ihr Onkel nicht bei ihr gewesen, dann hätte Svenja bestimmt Angst bekommen. Plötzlich knackten gleich neben ihrem Hochsitz im dichten Unterholz Äste. ---- Onkel Helmut flüsterte kaum hörbar: „Ein* ***Fuchs*** *oder ein* ***Dachs."*** *Svenja nickte und versuchte, das Tier zu entdecken. Aber außer einem Schatten, der schnell vorbeihuschte, war nichts zu sehen. Dafür war etwas zu hören. Einmal von rechts und einmal von links fing es an, zu quaken. ----* ***„Erdkröten",*** *flüsterte der Förstermeister. „Die unterhalten sich", flüsterte Svenja zurück. Dann tippte Onkel Helmut Svenja an die Schulter und deutete mit dem Finger auf die kleine* ***Lichtung*** *vor ihnen. Da stand er, groß und stolz, mit einem prächtigen* ***Geweih.*** *Majestätisch reckte der* ***Hirsch*** *seinen großen Kopf nach oben und röhrte, dass es durch den ganzen Wald schallte. ---- Svenja hielt die Luft an. Ein* ***Reh*** *nach dem anderen kam vorsichtig aus dem Wald und gesellte sich zu dem Hirsch auf der Lichtung. Im Schein des Mondes grasten die Tiere friedlich beieinander. Svenja bewunderte die schönen Tiere. Wie auf Kommando schnellten plötzlich alle Köpfe nach oben, und noch in derselben Sekunde ergriffen die Rehe und der Hirsch die Flucht in den Wald. Die Übeltäter ließen nicht lange auf sich warten. Grunzend und schnaufend waren sie zu hören. ---- Eine* ***Rotte Wildschweine*** *eroberte die Lichtung. Sie durchwühlten mit ihren kräftigen Schnauzen die Erde. Die Lichtung sah bald aus wie ein durchpflügter Acker. Zwei* ***Schweine*** *geritten in Streit um eine Wurzel und grunzten sich böse an. ---- Ein drittes, noch junges Wildschwein mischte sich quiekend ein. ---- Fasziniert schaute Svenja den Tieren eine ganze Weile zu. Auf einmal drehte Onkel Helmut seinen Kopf ganz langsam hin und her und lauschte. Er kannte alle Stimmen des Waldes. Aber das? Das hatte er noch nie gehört, und es musste ganz in der Nähe sein. Welch seltsames Tier mochte das sein? Gerade wollte er Svenja darauf aufmerksam machen und beugte sich zu ihr, als er die Ursache entdeckte. Svenja fror so sehr, dass ihr vor Kälte die Zähne klapperten. ---- Onkel Helmut konnte sich nicht mehr beherrschen und musste laut loslachen. ---- Erschrocken flohen die Wildschweine in den Wald. Svenja lächelte verlegen, und dann musste sie auch noch niesen. ----*

Die Raupe Billebaus

Auf einer Wiese steh'n zwei **Bäume,**
völlig frei und ohne **Zäune.**

Auf dem einen Birnen **hängen,**
am anderen sich Äpfel **drängen.**

Aus einem rotem **Apfelhaus**
schaut die Raupe **Billibaus.**

Billebaus, die ist nun **munter,**
klettert von dem Baum **herunter.**

Sie will den Billebamms **besuchen,**
hofft, dort gibt es leck'ren **Kuchen.**

Ihr Freund wohnt auf dem **Birnenbaum,**
ganz versteckt, man sieht ihn **kaum.**

Billebaus kriecht munter **weiter,**
kommt ein Regen, leider, **leider.**

Die Raupe, die wird schrecklich **nass.**
Igitt, das macht ihr keinen **Spaß.**

Doch der Weg, der ist noch **weit,**
und das Regenwasser **steigt.**

Kommt ein grünes Blatt **geschwommen,**
Billebaus ist ganz **besonnen,**

schwingt sich auf das Blatt **hinauf,**
schwimmt zu Billebammses **Haus.**

Der winkt ihr schon **entgegen:**
„Was bringst du für 'nen Regen?"

Billebaus, die winkt **zurück,**
paddelt noch ein letztes **Stück,**

legt am Birnenbaume **an**
und klettert hoch zu **Billebamm.**

In seinem schönen **Birnenhaus**
gibt's endlich leck'ren **Birnenschmaus.**

Ideen zum Mitmachen und Mitsprechen

Die Kinder können Ihren Vortrag natürlich auch begleiten. Fordern Sie sie auf, **im Sprechrhythmus** mit ihren Fäusten oder den flachen Händen auf den Boden, die Oberschenkel, den Tisch o. Ä. zu **klopfen.** Das hilft den Kindern, ein Gefühl für Sprachtempo und Sprachmelodie zu entwickeln.

Wenn die Kinder den Reim schon oft gehört haben und ihn gut kennen, können sie die Reimgeschichte auch im Dialog sprechen. Lassen Sie die Kinder das jeweilige **Reimwort** während Ihres Vortrages **ergänzen.** Am Anfang können Sie, als kleine Hilfe, die ersten Buchstaben des Reimwortes vorsprechen, und die Kinder ergänzen den Rest. Das Mit- und Nachsprechen macht nicht nur Spaß, sondern fördert gleichzeitig die Artikulation und das phonologische Bewusstsein. Außerdem erweitern die Kinder ganz nebenbei ihren Wortschatz und fordern ihre Merkfähigkeit heraus.

Lied Fidirallalla

Melodie: traditionell „Ein Vogel wollte Hochzeit machen" **Text:** Ute Schröder

1.
Ein Frosch, der sitzt auf einem Blatt
und macht ganz laut quak, quak, quak, quak.
Refrain:
Fidirallalla, fidirallalla, fidirallallallalla.

2.
Da kommt die Fliege Summsesumm
und fliegt ums Fröschlein drum herum.
Refrain:
Fidirallalla, fidirallalla, fidirallallallalla.

3.
Das Fröschlein aber will das nicht
und schnappt ganz schnell die Fliege sich.
Refrain:
Fidirallalla, fidirallalla, fidirallallallalla.

4.
Er nimmt die Fliege mit nach Haus
und macht `ne schöne Suppe draus.
Refrain:
Fidirallalla, fidirallalla, fidirallallallalla.

Ideen zum Mitmachen und Mitsingen

Die Kinder können das Lied aktiv durch **rhythmisches Mitklatschen** beim Refrain begleiten. Dabei entwickeln sie ein Gefühl für Sprachrhythmus und Sprachmelodie, und Sie fordern darüber hinaus ihre Merkfähigkeit heraus und die Fähigkeit, genau zuzuhören.

Außerdem können die Kinder auch den **Refrain mitsingen**. Das fröhliche Fidirallalla aus dem Refrain ist eine gute Gelegenheit, bei der die Kinder üben können, die Vokale und den Problemlaut deutlich zu artikulieren. Und wenn Sie das Lied schon sehr oft gehört haben, können die Kinder natürlich auch alle Strophen mitsingen. Das fördert ihren aktiven Wortschatz und die phonologische Bewusstheit.

Fingerspiel von der Pusteblume

Verse sprechen …	Finger spielen …
Die Pusteblume zart und **fein** wiegt sich im Winde ganz **allein.**	*Eine Hand mit gespreizten Fingern langsam hin und her bewegen.*
Pustest du sie aber **an,** fliegen fort die kleinen **Samen.**	*Die Hand anpusten.*
Schweben auf der grünen **Wiese,**	*Beide Hände mit zappelnden Fingern langsam hin und her bewegen.*
an die Nase, bis ich **niese.**	*Mit dem Zeigefinger einem Kind an die Nase stupsen.*
Hatschi!	*Niesen.*

Idee zum Mitmachen

Malen Sie die Finger grün an und die Fingerkuppen weiß, damit ihre Finger zu kleinen Pusteblumen werden. Sie können aber auch Stoffreste benutzen, um Ihre Finger so zu verkleiden, dass sie Pusteblumen ähneln. Überlegen Sie zusammen mit den Kindern, wie sie das am besten machen könnten. Den Kindern macht es sicher auch große Freude, wenn sie ihre Finger einmal anmalen dürfen. Probieren Sie aus!

Ich packe meinen Rucksack

Gut zu wissen

Dieses Kreisspiel ist angelehnt an das Spiel „Ich packe meinen Koffer", das Sie mit Sicherheit kennen und auch schon mit den Kindern gespielt haben.

Eine kleine Erzählung zur Einstimmung

Beginnen Sie das Spiel mit einer kleinen Erzählung oder lassen Sie die Kinder erzählen, was ihnen zum Thema „Wandern" alles einfällt. Mit Sicherheit haben sie schon viele Ideen. Um es ihnen leichter zu machen, können Sie auch folgende Einstiegsfragen stellen:

- Wer von euch hat schon einmal eine Wanderung gemacht?
- Mit wem? Wohin?
- Wie sah die Landschaft aus?
- Gab es Berge, Wälder, Wiesen?
- Hast du Tiere beobachtet?

Das brauchen Sie

- einen Wanderstock oder einen Stab, den man dazu machen kann

Auf Wanderung begeben – So geht es

Leiten Sie das Spiel mit einer kleinen Erzählung ein: „Stellt euch vor, wir wollen auch eine Wanderung machen, eine so lange, dass wir den ganzen Tag dazu brauchen. Für so eine anstrengende Wanderung braucht man natürlich einiges. Ich bringe einen riesigen Rucksack mit, und den müssen wir gemeinsam packen."

Die Kinder sitzen dabei im großen Kreis, und ein Kind eröffnet das Spiel mit dem Wanderstock und den Worten: „Ich packe meinen Rucksack …" und fügt nun noch einen Gegenstand hinzu, z. B. „ …und lege eine Decke rein."

Das folgende Kind erhält den Wanderstock und wiederholt die Worte: „Ich packe meinen Rucksack und lege eine Decke …" und ergänzt wiederum durch ein neues Wort, z. B. „ … und eine Tafel Schokolade rein."

Das nächste Kind wiederholt die zwei Gegenstände und fügt wieder ein Wort dazu und so weiter und so weiter.

Macht ein Kind einen Fehler und kann die Gegenstände nicht in der richtigen Reihenfolge wiederholen, startet das Spiel an dieser Stelle von vorn und beginnt mit einem neuen Gegenstand.

Tipp

Um zu verhindern, dass alle Kinder gleichzeitig sprechen, können Sie den Wanderstock auch als Redestab weiterreichen, und nur das Kind darf sprechen, welches den Stab in der Hand hält.

Knifflige Wald- und Wiesenrätsel

Das fördern Sie

- Das Wald- und Wiesenrätsel fördert die Konzentration und regt die Fantasie an. Sie fördern gleichzeitig das Wortverstehen sowie das Wissen und Denken in thematischen Zusammenhängen.

Tipp

Wenn Sie zweisprachige Kinder in Ihrer Gruppe betreuen, nutzen Sie die Gelegenheit, und lassen Sie diese Kinder das Lösungswort in ihrer Sprache nennen.

Wenn die Blumen wieder sprießen,
sieht man ihn auf bunten Wiesen,
flattert hin und flattert her,
Blütennektar schmeckt ihm sehr.
(Schmetterling)

Hat man ganz besond're Glück
findet man dies selt'ne Stück.
Wie heißt dieses grüne Blatt,
das vier kleine Blättchen hat?
(vierblättriges Kleeblatt)

Sie mögen Wasser, Sonne, Licht,
nur kalten Schnee, den woll'n sie nicht.
Es gibt sie einzeln oder im Strauß.
Sie duften schön im ganzen Haus.
(Blumen)

Er hat einen roten Hut,
weiße Punkte steh'n ihm gut.
Du findest ihn im Wald.
Doch er ist giftig. Halt!
(Fliegenpilz)

Wer ruft nachts durch den Wald,
dass es ringsum schallt?
Wer fliegt durch das Geäst,
schafft Mäuse in sein Nest?
(Uhu)

Gemächlich kriecht sie über Steine,
denn sie hat nicht Hand noch Beine.
Eine Schleimspur macht sie dann,
die man glitzern sehen kann.
(Schnecke)

Es gibt viele, viele Arten,
haben ganz verschied'ne Farben.
Einen, den ihr alle kennt,
sich Marien... nennt.
(Marienkäfer)

Es lebt im Wald oder im Park.
Es mag Nüsse aller Art.
Es springt geschickt von Ast zu Ast,
und nur selten macht es Rast.
(Eichhörnchen)

Er ist immer auf der Hut,
sein rotes Fell, das steht ihm gut.
Im Wald sucht er sich einen Bau.
Alle sagen, er sei schlau.
(Fuchs)

Schneidet man die Wiese ab,
und die Sonne scheint herab,
wird aus diesem grünen Gras
etwas Neues, aber was?
(Heu)

Rollenspiel mit Pilz

Das brauchen Sie

- einen großen Sonnenschirm, der einen Pilz darstellt

Tipp

Dieses Rollenspiel eignet sich für eine Aufführung, z. B. zu einem Fest oder Elternnachmittag. Mit ein paar einfachen Ideen und etwas Schminke können Sie dafür Dekorationen und Kostüme herstellen, wie z. B. *Blättersträuße für die Bäume, Hasenohren für den Hasen, grünes Tuch als Umhang für den Frosch ….*

Bevor Sie mit dem Rollenspiel beginnen, vergeben Sie diese Rollen an die Kinder: Wind, Regen, Hase, Schnecke, Frosch, Vogel, Igel, Bäume, und fordern Sie auf, an den entsprechenden Stellen mitzuspielen. Dann beginnen Sie mit der Erzählung …

In einem dichten Wald mit mächtigen Bäumen gab es eine kleine Lichtung. Auf dieser Lichtung stand ein einziger ***riesengroßer Pilz.*** *Eines Tages beschloss der* ***Wind,*** *genau über diesen Wald zu fegen. Er fuhr durch die* ***Äste der Bäume,*** *die sich leicht hin- und herbewegten. (Bäume bewegen sich) ---- Die* ***Tiere*** *des Waldes sahen ängstlich nach oben. ---- Da braute sich etwas zusammen. Der* ***Hase*** *hüpfte ---- aufgeregt durch die Gegend und suchte ein Versteck. Da entdeckte er den Pilz auf der Lichtung, hoppelte einmal um ihn herum und sprang dann unter den großen Pilzhut.----*

Auch die ***Schnecke*** *hatte das heranziehende Unwetter bemerkt, und langsam kroch sie auf den Pilz zu. Dort angekommen, fragte sie den* ***Hasen:*** *„Es regnet bald und wird ganz frisch, gibt es da noch Platz für mich?“ „Komm nur herein! Komm nur herein! Ein Plätzchen wird für jeden sein.“*

Die Schnecke kroch zum Hasen unter das schützende Dach. Der Wind frischte auf, und die Bäume begannen, bedrohlich zu schwanken.

Da kam der ***Frosch*** *angehüpft, sprang eine Runde um den Pilz und fragte die Tiere darunter: „Es regnet bald …“*

Der ***Hase*** *und die* ***Schnecke*** *antworteten: „Komm nur herein! …“*

Gleich darauf flatterte ein ängstlicher Vogel herbei. Aufgeregt schlug er mit den Flügeln und fragte: „Es regnet bald …“ Die ***Tiere*** *antworteten: „Komm nur herein! …“ Nun pustete der* ***Wind*** *noch kräftiger, sodass die* ***Blätter*** *an den* ***Bäumen*** *raschelten. Da tippelte ein stachliger Geselle auf die Lichtung. Der* ***Igel*** *schnüffelte noch oben und roch schon den Regen. Dann sah er den Pilz und* ***fragte*** *die Tiere: „Es regnet bald …“, und die* ***Tiere*** *antworteten: „Komm nur herein! …“*

Kaum hatte sich der Igel unter dem Pilzhut versteckt, trommelte ***der Regen*** *vom Himmel. Die* ***Bäume*** *schwankten hin und her, und die Blätter wirbelten hoch und runter. Die* ***Tiere*** *hockten zufrieden beieinander. Als der Regen vorbei war, freuten sich alle. Die* ***Tiere*** *kamen unter dem Pilz hervor und tanzten vergnügt um ihn herum. Die strahlende* ***Sonne*** *sah ihnen lächelnd von oben zu.*

Erholsame Wiese

Erzähl-Tipp

Da die Massagegeschichte paarweise gespielt wird, sollten Sie den Kindern in der Mitte der Geschichte die Möglichkeit zum Rollentausch geben, oder Sie lesen eine weitere Massagegeschichte mit vertauschten Rollen vor.

Ich liege auf einer ***Wiese*** *und schaue in den* ***Himmel.*** *Die* ***Sonne*** *scheint, und kein* ***Wölkchen*** *ist zu sehen. Also lege ich mich auf den Bauch. Meinen Kopf stütze ich auf meine Hände und sehe mir die Wiese genauer an. Hier ist es viel interessanter. Je länger ich hinsehe, umso mehr* ***Tiere*** *zeigen sich:*

Zuerst entdecke ich eine ***Spinne.*** *Sie stakst mit ihren langen Beinen durch die Grashalme. (Mit den Fingern einer Hand langsam über den Rücken laufen.)*

Dann kommt eine ***Schnecke*** *herangekrochen und schiebt sich langsam mal hierhin und mal dahin. (Eine Hand hin und her schieben.)*

Links von mir sehe ich einen ***Regenwurm.*** *Er will sich in die Erde bohren, doch sie ist zu hart. Er versucht es immer wieder an verschiedenen Stellen. (Mit einem Zeigefinger mehrmals leicht in den Rücken bohren.)*

Dann gibt er auf und schlängelt sich davon. (Mit dem Zeigefinger Schlängellinien malen.)

Ich sehe nach rechts und sehe einen ganzen Haufen ***Ameisen.*** *Sie wuseln alle durcheinander. (Mit allen Fingerspitzen kreuz und quer über den Rücken tippeln.)*

Ein Stück weiter weg, versteckt hinter Grashalmen, ist eine ***Maus*** *auf Futtersuche. Mit ihrer Nase gräbt sie die Erde um. (Mit beiden Händen den ganzen Rücken durchkneten.)*

Plötzlich – huch – erschrecke ich. Ein ***Grashüpfer*** *landet genau vor meinem Gesicht und springt hoch und runter. (Mit einem Zeigefinger mehrmals auf den Rücken tippen.)*

Dann macht er einen riesigen Satz, und husch, ist er weg.

Die Natur erriechen

Das brauchen Sie

- verschiedene kleine Flaschen Duftöle, die Gerüche der Natur enthalten, wie z. B. *Jasmin, Zimt, Rose, Tannengrün, Nelken, Veilchen, Lavendel, Kokos, Vanille, Kamille …*; eine Duftöllampe; ein Teelicht; ein Feuerzeug oder Streichhölzer

Zur Einstimmung eine kleine Erzählung

Der Mensch verfügt über ***fünf Sinne.*** *Er nimmt seine Umwelt wahr, indem er sieht, fühlt, riecht, hört und schmeckt. Doch er setzt seine angeborenen Sinne in ganz unterschiedlichem Maße ein. Am meisten beansprucht er seine Augen. Doch wie steht es mit der* ***Nase?*** *Ziehen Wohlgerüche nicht oft an uns vorbei? Wir nehmen viel eher üble Gerüche auf, die, die uns stinken.*

Sensibilisieren Sie die Kinder für neue unbekannte Düfte der Natur, und geben Sie diesen einen Namen.

Tipp

Fragen Sie in Ihrem Team nach, wer Ihnen eine Geruchsprobe ausleihen kann, oder bitten Sie die Kinder, zu Hause nach Duftölen zu fragen.

Das fördern Sie

- Durch das Schnupperspiel fordern Sie die Wahrnehmung der Kinder heraus und fördern gleichzeitig ihre Artikulation und Erweiterung des Wortschatzes zum Themenbereich.

Anleitung zum Probeschnuppern

Lassen Sie die Kinder an einem Duftöl riechen und ihre Vermutungen anstellen.
Weiß kein Kind die richtige Bezeichnung, nennen Sie den Namen.
Nun schaffen Sie durch gezielte Fragen einen Erzählanlass:

- Wie sieht die Pflanze aus?
- Wo wächst sie?
- Für was verwendet man sie? (Gewürz, Kosmetik, Medizin, Tee, Duftaroma)
- Welches Essen kann man damit würzen?
- Wer hat was schon gegessen?

Danach folgt die nächste Geruchsprobe.
Abschließend nennt jedes Kind seinen Lieblingsduft.
Hat sich die Mehrheit für den gleichen Duft entschieden, können Sie diesen sofort oder zu einem passendem Zeitpunkt im Tagesablauf (z. B. Mittagessen, Mittagsschlaf) mit der Duftlampe im Raum verteilen.

2-Minuten-Wortspiele …

In der Kürze liegt die Würze – mit diesen 20 kurzen 2-Minuten-Wortspielen zu den in diesem Buch genannten 10 Lieblingsthemen können Sie auch mit wenig Zeit und ohne viel Aufwand die Sprachentwicklung Ihrer Kinder auf unterhaltsame und anregende Weise gezielt fördern. Besonders geeignet sind diese Sprachspielideen für Vorschulkinder.

Wortspiel-Tipp

Die einzelnen Wortspiele können Sie natürlich auch zu allen Lieblingsthemen einsetzen. Fordern Sie die Kinder auf, nur Wörter aus einem Themenbereich zu benutzen!

Das fördern Sie

- Sie fördern den aktiven Wortschatz der Kinder, indem die Kinder nur die Wörter aus dem jeweils passenden Themenbereich für das Wortspiel benutzen. Also z. B. zum Thema „Piraten" Wörter *wie Piratenschiff, Augenklappe, Schlachtrufe, Schatztruhe …*

Auf dem Meer mit den Piraten

1. Bilde mit dem letzten Wort ein neues!
   Piratenschiff – Schiffsflagge– Flaggenmast …
2. Finde Tiere, die im oder am Wasser leben, mit dem Anfangsbuchstaben „M"!
   Möwe, Muscheln, Makrelen …

Auf der Ritterburg

3. Finde Reimwörter zu dem Wort „Ritter"!
   Gitter – Gewitter – zittern …
4. Finde Wörter, die auf den Buchstaben „N" enden!
   Rittersmann, Bogen, Burgfräulein …

In der Prärie bei den Indianern

5. Finde zusammengesetzte Wörter mit dem Wort „Indianer"!
   Indianerzelt, Indianerstamm, Indianertanz …
6. Nenne das Gegenteil!
   heiß-kalt, jung-alt, groß-klein …

Gespenster, Geister, Hexenzauber

7. Erfinde Geister- oder Hexennamen mit dem Anfangsbuchstaben „M"!
   Mamata, Meigala, Momo …
8. Finde ein passendes Wort!
   Schloss – Gespenst, Zauber – Sprüche, Geister – Spuk …

Mit Tsching trara zum Faschingsfest

9. Finde Faschingswörter, die auf den Buchstaben „T" enden!
   Faschingshit, Faschingsfest, Faschingszeit …
10. Finde zusammengesetzte Wörter mit dem Wort „Luftballon"!
   Luftballonpumpe, Luftballontanz, Luftballonschnur …

… für zwischendurch

Zum Geburtstag alles Gute

11. Bilde mit dem letzten Buchstaben des Wortes ein neues!
Geburtstag – Gäste – Einladung …

12. Reime den Satz mit deinem Namen zu Ende!
Hallo, ich bin die Ute und habe eine Schnute. Ich bin der Kai und esse gerne Brei. …

Mit der Feuerwehr unterwegs

13. Finde Reimwörter zu dem Wort „Feuer"!
teuer, Ungeheuer, Gemäuer …

14. Finde andere Wörter für das Wort „Feuerwehr"!
Tatütata, rote Retter, Feuerhelden …

Zur Zeit der Dinosaurier

15. Finde Dinosaurier-Namen, die auf den Buchstaben „S" enden!
Steggosaurus, Tyrannosaurus, Barosaurus …

16. Finde zusammengesetzte Wörter mit dem Wort „Dino"!
Dinobaby, Dinomaul, Dinopupse …

Manege frei im Zirkuszelt

17. Finde einen Quatschnamen für dich!
Maschikato, Esmeraldali, Bisolafi …

18. Finde Wörter aus dem Zirkuszelt mit dem Anfangsbuchstaben „A"!
Artist, Attraktion, Applaus …

Im Wald und auf der Wiese

19. Finde Reimwörter zu dem Wort „Wald"!
alt, bald, schallt …

20. Finde ein ganz langes Wort zum Thema „Wald und Wiese"!
Waldameisenkacke, Waldarbeiterauto, Wiesenliegeplatz …

Medientipps

Literatur

Diehl, Ute; Niebuhr-Siebert, Sandra; Baake, Heike:
Duden – Mein Sprachspielbuch. Sprachförderung mit Liedern, Spielen und Reimen.
Bibliographisches Institut GmbH, 2009.
ISBN 978-3-4117-3751-2

Holweck, Agnes; Trust, Bettina:
Spielerisch Deutsch lernen. Lustige Sprachspiele.
Hueber, 2011.
ISBN 978-3-1909-9470-0

Lentes, Simone; Thiesen, Peter (Hrsg.):
Ganzheitliche Sprachförderung. Ein Praxisbuch mit Sprachspielen für Kindergarten, Vorschule und Hort.
4. überarbeitete Auflage.
Cornelsen Verlag, 2012.
ISBN 979-3-589-24770-7

Oezogul, Uta:
Sprachförderung für 3- bis 7-Jährige. Ausgearbeitete Stunden und Materialien für ein ganzes Jahr.
Verlag an der Ruhr, 2007.
ISBN 978-3-8346-0240-4

Sachse, S.; Volkmann, G.; Lehmann, U.; Mahssasse, K.:
So funktioniert alltagsintegrierte Sprachbildung – die besten Ideen aus der Kita-Praxis
Verlag an der Ruhr, 2018.
ISBN 978-3-8346-3908-0

Steinmeyer, Nicola; Steinmeyer, Gisèle:
SprachSpielSpaß für die Kita: Hoch die Nase, hoch das Bein, dann buddel' ich den Knochen ein…
Neue Sprachspielideen von Fingerspiel bis Hüpfspielvers.
Verlag an der Ruhr, 2012.
ISBN 978-3-8346-2225-9

Tieste, Kerstin:
Systematische Sprachförderung für Kinder ohne Deutschkenntnisse. Fertige Einheiten für Kita und Vorschule
Verlag an der Ruhr, 2019.
ISBN 978-3-8346-4093-2

Zunke, Klaus:
SprachSpielSpaß für die Kita: 2, 4, 6, 8 Spinnenbeine, du musst suchen ganz alleine … Neue Sprachspielideen von Abzählvers bis Abschiedsreim.
Verlag an der Ruhr, 2012.
ISBN 978-3-8346-2224-2

Die Autorin

Ute Schröder lebt und arbeitet seit 1989 als Erzieherin in Dresden. Von 1985 bis 1989 absolvierte sie ihr Fachschulstudium zur Lehrerin für untere Klassen und zur Erzieherin. Nach ihrem Studium arbeitete sie 10 Jahre mit Hortkindern in einem integrierten Schulhort. Danach und bis zum heutigen Tage war und ist sie als Erzieherin in einer Kindertagesstätte mit Krippen- und Kindergartenkindern tätig.

Lesungen und Workshops mit der Autorin

Haben Sie Interesse an Lesungen oder Workshops mit der Autorin? Frau Schröder steht gerne für Veranstaltungen zur Verfügung, wenn das ihre Arbeitszeit zulässt. Wenn Sie Fragen, Hinweise oder Vorschläge das Buch betreffend haben, können Sie gern unter folgender E-Mail-Adresse Kontakt zu der Autorin aufnehmen:
ute.schroeder-epler@arcor.de

Alphabetisches Verzeichnis